网络化制造环境下多级闭环供应链协调优化控制技术

董海　著

北京
冶金工业出版社
2023

内 容 提 要

网络化制造是传统制造业在网络经济中的必经之路，制造企业将利用Internet 进行产品的协同设计和制造。本书共分 7 章，主要内容包括：网络化制造概述、闭环供应链网络优化相关理论、基于多面体不确定集的鲁棒优化模型构建、基于深度信念网络的市场需求预测、基于 DWOA 的绿色闭环供应链网络鲁棒模糊优化设计、基于 SD 的四级闭环供应链质量控制模型、契约协调下多级闭环供应链质量控制模型。

本书可供从事网络化制造及供应链管理的技术人员及企业管理人员阅读，也可供管理科学与工程、工业工程、物流工程和工程管理等专业的师生参考。

图书在版编目(CIP)数据

网络化制造环境下多级闭环供应链协调优化控制技术/董海著．—北京：冶金工业出版社，2022.3（2023.6 重印）

ISBN 978-7-5024-9040-9

Ⅰ.①网…　Ⅱ.①董…　Ⅲ.①供应链管理—研究　Ⅳ.①F252.1

中国版本图书馆 CIP 数据核字（2022）第 019170 号

网络化制造环境下多级闭环供应链协调优化控制技术

出版发行　冶金工业出版社　　**电　　话**　(010)64027926
地　　址　北京市东城区嵩祝院北巷 39 号　　**邮　　编**　100009
网　　址　www.mip1953.com　　**电子信箱**　service@mip1953.com

责任编辑　郭冬艳　美术编辑　吕欣童　版式设计　郑小利
责任校对　范天娇　责任印制　禹　蕊
北京建宏印刷有限公司印刷
2022 年 3 月第 1 版，2023 年 6 月第 2 次印刷
710mm×1000mm　1/16；9.25 印张；180 千字；138 页
定价 66.00 元

投稿电话　**(010)64027932**　**投稿信箱**　**tougao@cnmip.com.cn**
营销中心电话　**(010)64044283**
冶金工业出版社天猫旗舰店　**yjgycbs.tmall.com**
(本书如有印装质量问题，本社营销中心负责退换)

前　言

网络化制造是在网络技术和经济全球化发生深刻变革的背景下产生和发展起来的一种先进制造模式。网络化制造是涉及多个领域（包括机械制造、计算机、网络、信息、自动化、电子等）的综合学科，其理论是在协同论、系统论、信息论、分形论等相关理论的基础上发展起来的，其模式体现了分布和集中的统一、自治与协同的统一、混沌和有序的统一。

供应链网络是网络化制造集成平台的重要的组成部分，通过对供应链网络的优化研究，可以提高整个供应链的效率和效益，使得供应链上的企业能够获得并保持持久的竞争优势，提高供应链的整体竞争能力。因此，研究供应链协调优化控制技术对于完善网络化制造平台具有极为重要的意义。

网络化制造环境下多级闭环供应链协调优化控制技术是网络化制造及供应链管理研究领域中的一项重要课题。本书在相关基金项目的资助下，在对网络化制造及供应链管理研究综述的基础上，应用系统工程、控制理论、计算机仿真技术和智能算法等相关理论和方法，介绍了多级闭环供应链网络协调优化与控制技术。本书主要从以下几个方面进行论述：

（1）网络化制造概述。介绍网络化制造的基本概念、网络化制造的基本内涵、网络化制造系统的结构和功能、网络化制造资源集成、网络化制造的关键技术、网络化制造的研究现状及发展趋势、面向产品全生命周期的网络化集成制造系统等。

（2）闭环供应链网络优化相关理论。分析正向供应链、逆向供应链和闭环供应链之间的相互网络结构，介绍闭环供应链网络不确定性、表现形式和产生机理；对不确定优化方法进行分析，比较模糊规划、随机规划和鲁棒优化方法之间的差异；详细阐述具有约束保护的可调鲁棒优化模型对偶转换过程，建立模型参数的不确定集合。

(3) 基于多面体不确定集的鲁棒优化模型构建。基于闭环供应链网络结构，构建不确定环境下的多目标闭环供应链网络规划模型，提出包括网络结构约束、设施能力约束、物料平衡约束和非负约束等约束条件；针对目标函数和约束条件中存在的不确定参数，采用多面体不确定集进行描述，研究线性鲁棒优化理论，引入约束保护函数，对于含有不确定参数的目标函数和约束进行转化，构建基于多面体不确定集的鲁棒优化模型。

(4) 基于深度信念网络的市场需求预测。研究深度信念网络的相关理论，详细介绍其核心组成单元——受限玻耳兹曼机结构的学习过程，考虑到深层神经网络收敛速度慢的特点，引入共轭梯度算法对网络参数进行优化；基于某家电企业的历史销售数据，获取预测模型的输入输出变量，采用试验法对模型进行训练，确定网络最优参数选择和最佳网络结构，在此基础上构建基于共轭梯度算法优化的深度信念网络市场需求预测模型；引入标准深度信念网络模型和 BP 神经网络作为对比预测模型，利用误差评价指标对模型的预测结果及其稳定性进行评价。

(5) 基于 DWOA 的绿色闭环供应链网络鲁棒模糊优化设计。建立成本最小、碳排放最少、中断时间最短目标的集成函数，并采用 Me 测度处理模型中的不确定性，并将其转化为单目标模型；通过数值实例和敏感性分析验证，采用优化处理后的模型，取得结果更优且稳定性更强；与传统鲸鱼算法和遗传算法进行对比，验证提出算法的优越性。

(6) 基于 SD 的四级闭环供应链质量控制模型。建立由供应商、制造商、销售商、回收商组成的四级闭环供应链质量控制因果回路图，并在此基础上构建其质量控制模型；对模型进行相关测试，以检验模型的合理性与真实性；通过改进原材料质量波动的情况和销售商单位销售投入的情况进行算例分析，验证原材料质量波动与产品质量水平、总利润的影响关系。

（7）契约协调下多级闭环供应链质量控制模型。建立契约模型和数值仿真，得到合理的契约协调范围。建立供应商与制造商之间的质量奖惩契约模型，通过仿真分析得到质量奖惩比例 α 取值；建立制造商与回收商之间的质量成本分摊契约模型，通过仿真分析得到成本分摊比例 β 的取值范围；建立制造商与回收商、零售商之间的回收契约模型，通过仿真分析得到制造商回收比 w_1，回收商回收比 w_2 的取值范围。

本书在编写过程中参考和借鉴了一些国内外的相关资料，在此谨向有关作者表示深深的谢意！

本书内容所涉及的研究得到了 2021 年中央引导地方科技发展资金计划项目（2021JH6/10500149）、辽宁省重点研发计划指导计划项目（2019JH8/10100056）的资助。感谢沈阳工业制造系统工程重点实验室全体师生对本书出版的大力支持。沈阳工业大学机械工程学院研究生董一萱参与第 1 章、第 2 章的撰写工作，沈阳大学机械工程学院研究生高秀秀参与第 3 章和第 4 章的撰写工作，吴瑶参与第 5 章的撰写工作，徐德珉参与第 6 章、第 7 章的撰写工作，徐晓鹏、齐新娜、王瀚鹏、关甜甜、李福月、范英健、林国栋、覃莫林等同学为本书的编写提供了有关参考资料和学术文献。

由于网络化制造环境下多级闭环供应链协调优化控制技术涉及面较广，本书中还有许多内容尚需深入细致的研究，加之作者水平有限，书中不妥之处在所难免，敬请读者批评指正。

作　者

2021 年 6 月于沈阳

目　录

1 网络化制造概述

智能制造是一个不断演进发展的概念，智能制造的三个基本范式：数字化制造、数字化网络化制造、数字化网络化智能化制造[1]。网络技术的迅速发展和应用，不仅深刻地改变了人们生活和交流的方式，也对企业的生产经营方式产生了巨大的影响。要在经济全球化的浪潮中得以生存和发展，21 世纪的制造企业首先要转变其制造模式来适应这股趋势。网络化制造就是在这种情况下产生的一种先进制造模式，其提供了制造型企业在 Internet 环境下开展生产、经营和管理业务活动具体的技术手段和方法。通过这些手段和方法，可以跨越地域限制，将原本分散的、孤立的企业纳入国际竞争合作环境中，成为国际制造业供应链中重要的一环。实施网络化制造是为了适应当前经济全球化、区域经济发展、行业经济发展和重大技术装备研发的需求，同时网络化制造也是实施敏捷制造和动态联盟的需要。

同其他先进制造模式的产生和应用背景一样，网络化制造这种先进制造模式的产生也是需求与技术双轮驱动的结果。需求是网络化制造模式产生和应用的基础，技术是网络化制造模式使能条件。而网络化制造的技术驱动力首先来源于企业生产经营中心的转变，随着市场竞争的日益激烈，企业生产经营中心经历了以生产为中心、以产品为中心到以客户为中心的转变过程。

网络化制造系统是企业在网络化制造模式的指导思想、相关理论和方法指导下，在网络化集成平台和软件工具的支持下，结合企业的具体业务需求，设计实施的基于网络的制造系统，其中供应链管理系统就是其一个子系统。网络化制造平台下的供应链管理系统以数字化、柔性化、敏捷化为基本特征。柔性化与敏捷化是快速响应客户化需求的前提，表现为结构上的快速重组、性能上的快速响应、过程中的并行性与分布式决策。这意味着供应链系统必须具有动态易变性，能通过快速重组，快速响应市场需求的变化。因此，供应链系统的优化与控制的研究直接影响企业的竞争力，其优化程度可以反映供应链的核心能力，体现供应链整合社会资源，创新管理的综合能力[2]。

1.1 网络化制造的基本概念

网络化制造是企业为应对现代制造全球化的挑战，实施的以快速响应市场需求和提高企业（企业群体）竞争力为主要目标的一种先进制造模式。通过采用先进的网络技术、制造技术及其他相关技术，构建面向企业特定需求的基于网络的制造系统，并在系统支持下，突破空间地域对企业生产经营范围和方式的约束，开展覆盖产品整个生命周期全部或部分环节的企业业务活动（如产品设计、制造、销售、采购等），实现企业间的协同和各种社会资源的共享与集成，高速度、高质量、低成本地为市场提供所需的产品和服务[3]。

网络化制造定义中所指的网络技术包括 Internet、Intranet 和 Extranet 技术；企业间协同包括产品设计协同、制造协同、供应链协同和商务协同；社会资源包括制造资源、智力资源和环境资源。作为一种先进制造技术与网络技术结合的先进制造模式，网络化制造为企业指出了在网络环境下，通过企业间协同，集成和利用全社会资源开展企业的生产经营管理活动的指导思想，在这一指导思想下，结合企业具体应用需求，构建特定的基于网络的制造系统，为企业的业务运作提供系统和工具上的支持。因此，网络化制造既包括了通用的基础性的网络化制造模式、理论和方法，又包括结合企业具体需求构建的各种形式的网络化制造系统，还包括一批支持网络化制造系统的规划、组织、设计、实施、运行和管理的技术。

网络化制造特点包括敏捷化、创新化、数字化、知识化、集成化、虚拟化、直接化、网络化、模块化和智能化。网络化制造的特点如图 1-1 所示。敏捷性是网络化制造核心思想之一。生产制造系统在现今发展阶段，面临的最大挑战是：环境的快速变化带来的不确定性；技术的迅速发展带来的设备和知识的更新速度加快；市场由卖方转为买方，市场正逐步走向全球化；产品特征由单一、标准化转变为顾客化、个性化，产品的生命周期明显缩短；制造企业之间尽管不再是单纯的你死我活的竞争，但竞争的激烈程度有增无减。这就必须要求网络化制造采用集成化、数字化和网络化作为网络化制造的存在基础和实现手段，这样才能保证该模式从理论向实际应用的顺利转变。其中，集成化是指由于资源和决策的分散性特征，要充分发挥资源的效率，就必须将制造系统中各种分散的资源能够实现实时集成，分散资源的高效集成是网络化制造的目标之一；数字化是指借助信息技术，网络化制造能够实现真正完全无图纸的虚拟设计、数字化和虚拟化制造，帮助企业形成信息化的组织构架，实现企业内部、企业与外界的信息流、物流和资金流的顺畅传递，从而保证了产品设计与制造周期的缩短，降低成本，提高工作效率；网络化是指现代通信技术的发展促进了网络联盟的形成，由于制造资源和市场的分散，实现快速重组必须建立在网络化的基础之上。因此，组建高效的网络联盟需要将电子网络作为支撑环境，并充分应用现代化通信技术与信息技术。

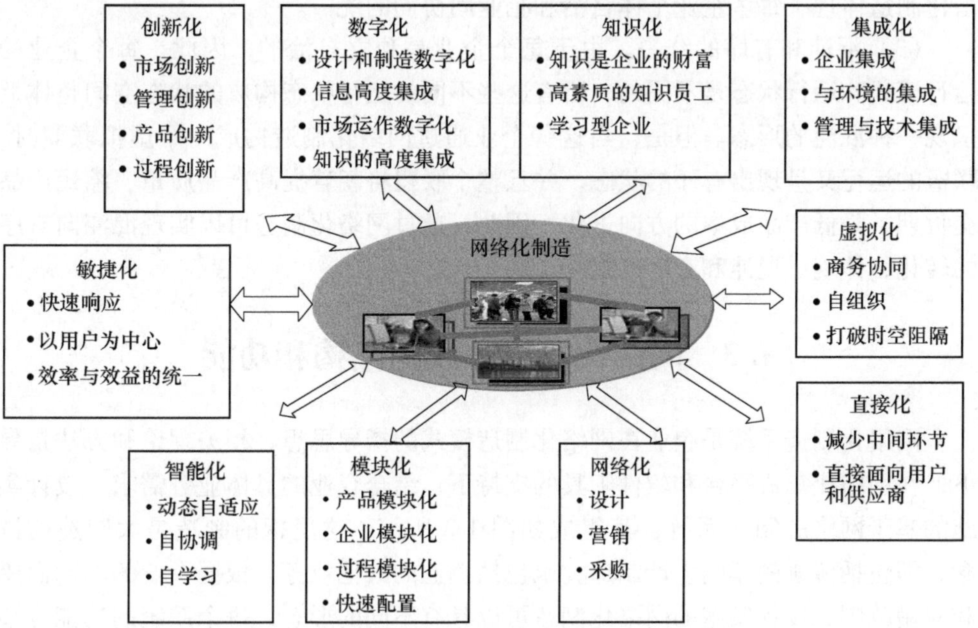

图 1-1　网络化制造的特点

1.2　网络化制造的基本内涵

网络化制造具有丰富的内涵。网络化制造理论是在协同论、系统论、信息论、分形论等相关理论的基础上发展起来的。网络化制造模式体现了分布和集中的统一、自治与协同的统一、混沌和有序的统一。

（1）分布和集中的统一。网络化制造是通过网络将地理位置上分散的企业和资源集成在一起，形成一个逻辑上集中、物理上分散的虚拟组织，并通过虚拟组织的运作实现其对市场需求的快速响应，提高参与网络化制造的企业群体或产业链的市场竞争力。另外，参与网络化制造的每个企业都有其特定的市场定位和企业目标，因此是分散的，但是在针对一个特定的市场需求时，这些通过网络连接在一起的企业又具有一个共同的目标。因此，网络化制造在企业的个体目标和群体目标、企业的物理位置和企业联盟的逻辑上体现了分散与集中的统一。

（2）自治与协同的统一。参与网络化制造的每个企业都可能是一个独立的实体，每个企业都有自己独立的组织体系和决策机制，每个企业都有独立的运作方式和管理方法，在决定企业的行为和行为方式上每个企业是高度自治的。但是，这些企业通过网络化制造的方式联系在一起时，又必须是协同的，而且协同的程度越高，企业间合作的效率就越高，联盟企业的经济效应就越好。因此，网络化制造体现了每个企业个体自治和企业间协同的统一。

(3) 混沌和有序的统一。由于每个企业是独立自治的，因此，每个企业的运行模式和运行状态是不同的，所有这些不同的运行状态构成的状态空间整体上呈现一种混沌的形态。但是，当这些企业通过网络化制造构成一个虚拟联盟时，联盟的运行又呈现出有序的状态，并且整个联盟将朝着提高产品质量、缩短产品交货期、降低产品成本的方向进化。因此，通过网络化制造可以实现混沌向有序的转化，体现了混沌和有序的统一。

1.3 网络化制造系统的结构和功能

网络化制造系统是企业在网络化制造模式的指导思想、相关理论和方法指导下，在网络化集成平台和软件工具的支持下，结合企业的具体业务需求，设计实施的基于网络的制造系统，其组成如图 1-2 所示。这里指的制造是大制造的概念，即包括传统的车间生产制造，也包括企业的其他业务。根据企业的不同需要和应用范围，设计实施的网络化制造可以具有不同的形态，每个系统的功能也会有差异，但是其在本质上都是基于网络的制造系统，如网络化产品定制系统、网络化产品协同系统、网络化制造系统、网络化营销系统、网络化资源共享系统、网络化管理系统、网络化供应链管理系统、网络化设备监控系统、网络化售后服务系统、网络化采购系统等。网络化制造系统总体上可以分成两个部分，即企业用户以及支持它的一个网络化制造集成平台。网络化制造集成平台是一个基于网络等先进信息技术的企业间协同支撑环境，其为实现大范围异构分布环境下的企业间协同提供基础协议、公共服务、模型库管理、使能工具和系统管理等功能，

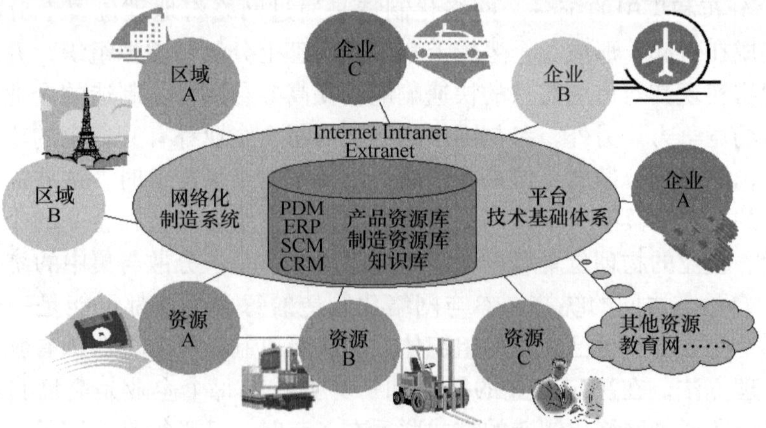

图 1-2 网络化制造系统的组成

并为企业间信息集成、过程集成和资源共享提供基于服务方式的透明、一致的信息访问与应用互操作手段，从而方便地实现不同企业间的人员、应用软件系统和制造资源的集成，形成具有特定功能的网络化制造系统。网络化制造集成平台又可以分成三层，自底向上分别是：基础层、应用与使能工具层、网络化制造应用系统层。因此，网络化制造系统的体系结构一共分四层，如图1-3所示，各个层次的功能依次如下：

（1）基础层：主要为实施网络化制造提供基础的支持，包括基础数据库、相关的技术基础、网络化制造相关标准与协议等。

（2）应用与使能工具层：包括各种实施区域网络化制造所需要的应用软件系统和使能工具。

（3）网络化制造应用系统层：包含了企业实施网络化制造所需的最主要的功能，其具体功能如下：

1）共享信息系统：为制造企业提供企业信息、产品信息和供求信息的发布机制，企业能方便地将自身的信息在区域/行业网络化制造平台上发布，供其他企业用户查询。提供信息检索、供求配对导航、智能信息代理服务，提供个性化服务。

2）敏捷企业协作平台：产品工程图纸和技术资料的传送与在线浏览；产品的网上协同设计；设计生产任务的异地进度监控与信息管理；虚拟会议室等。目的是提高企业间协作的效率，降低协作成本。

3）产品协同设计制造系统：为企业开展异地产品协同设计制造提供支持，

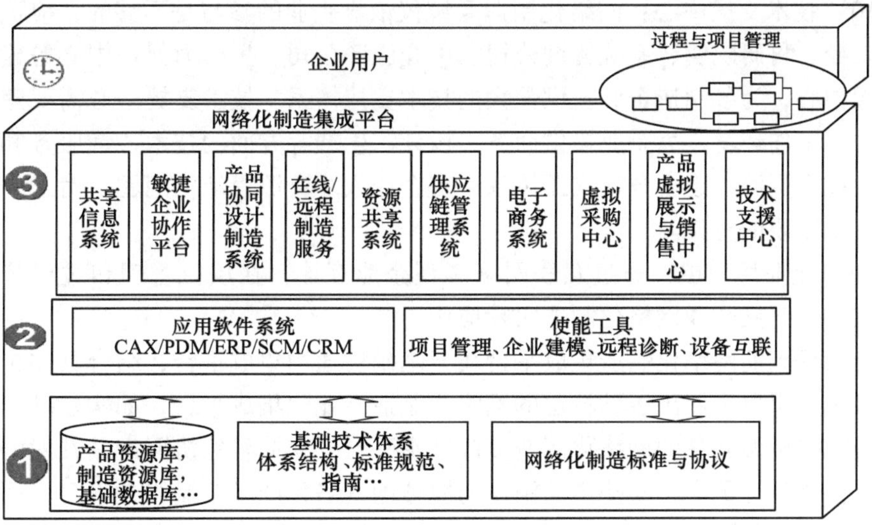

图1-3　网络化制造系统的结构

包括跨企业产品数据管理、跨企业产品的并行设计制造、产品的虚拟设计与制造、产品研制的项目与过程管理、跨企业的产品可视化系统等。

4）在线/远程制造服务：通过对制造设备进行封装，实现制造设备的上网，并且能够为需要制造服务的其他企业提供在线和远程的制造工作。

5）资源共享系统：实现企业间共享资源的管理，实现企业间资源的优化配置，提高资源的利用率。资源共享系统提供共享资源的注册、删除、修改、查询等功能。通过建立系统共享模型，可实现对共享信息的维护。

6）供应链管理系统：采用供应链管理的方法建立面向区域内产业链的企业间物流管理和信息管理系统，通过提高整个供应链的竞争力来加强本地区企业的整体竞争力。

7）电子商务系统：结合区域的经济特色，建立为区域经济服务的电子商务系统，为区域内的企业提供方便和低价的电子商务服务。

8）虚拟采购中心：建立行业性的面向中小企业的虚拟供应链和区域性网络化供应系统，使广大企业能够通过网络在动态供应链中进行合作，实现从订货、合同获取、执行到完成的整个过程，通过企业内部集成及企业间的动态联盟，组建起从原材料供应到满足客户需要的最终商品的快速、廉价、适应性强的动态供应链，从而高效、充分地利用企业内部和外部资源。

9）产品虚拟展示与销售中心：以地区为中心，分行业建立本地制造产品的展示和销售集成系统，采取集中与分散链接相结合、实物产品和虚拟产品并存的方案，建立的一个展示和推销本地产品的一个大系统。

10）技术支援中心：网络化制造系统仅依靠企业的参与是不够的，应该依托大专院校、科研院所、系统咨询公司、中介服务公司、生产力促进中心等建立技术支援中心，为各制造企业提供强大的技术支持体系。技术支援中心需要建立友好的协同工作环境，为企业提供商务、设计、生产等方面的技术咨询服务和广泛的社会技术资源。建立技术支援体系解决企业人才资源短缺的问题，对于中小企业具有更重要的意义。

（4）企业用户层：通过互联网络实现企业互连，在项目管理和过程管理系统的支持下开展企业网络化制造实际应用。

上面提到的网络化制造集成平台属于基础性通用集成平台，结合具体企业的实际需求，可以发展出多种特定的网络化制造专业化集成平台，如构建基于 ASP 方式的支持资源共享的网络化制造资源共享平台、支持异地协同产品开发的网络化产品协同设计平台、支持产品销售与服务的网络化产品定制服务平台、面向区域/行业企业群体的电子商务与供应链平台、支持虚拟企业运作的动态联盟管理平台等。

1.4 网络化制造资源集成

网络化制造资源集成就是以获取最大生产有效性为目的，以计算机技术和信息技术为支柱，以全球制造资源为可选对象，综合各种先进制造技术和管理技术，快速、高效地提供市场所需的产品或服务。网络化制造资源集成突破了传统经济时代资源相对集中、区域性经济的主要地位，使资源集成范围不再受地域、国界限制，形成全球性资源的大集成概念。

网络化制造资源集成将成为21世纪制造技术发展的主流，为了适应这种新的技术发展趋势和市场环境，企业必然要对其技术构成、资源形态、组织结构和运作模式等做出一系列重要的调整。调整主要表现在以下几个方面：

（1）更加突出发展企业的核心技术，使企业的竞争力主要建立在通过核心技术完成的企业特色产品或服务上，成本和价格在企业竞争力的权重则退于其次。

（2）围绕自己的技术特色，针对持续变化的市场环境，建立良好的可重组、可配置的资源组织模式，使企业能够针对市场变化快速重组其资源，并尽可能地减少这种重组对企业正常运作的影响。

（3）为了实现资源的快速重组，要求企业建立更具有灵活性、开放性和自主性的组织结构，金字塔形的递阶结构最终将完全被网状结构所取代，在企业组织中人与人的关系将更具强调具有自主性的协调与合作，而不是行政式命令。

（4）调整企业技术、资源和组织使企业适应新的运作模式，即将原来单个企业封闭地完成一个产品的模式转变为围绕产品全生命周期运作的企业集团或多个优势互补企业组成的虚拟企业。对单个企业来说，与其他企业的协作能力是衡量其市场竞争力的重要因素。

网络化制造资源集成是一个运行在异构分布环境下的制造系统，在网络化制造资源集成平台的支持下，帮助企业在网络环境下开展企业业务和实现不同企业之间的协作，包括供应链管理、协同设计制造、协同商务、网上采购与销售、合作伙伴选择、资源共享等。图1-4为网络化制造资源集成体系结构。

网络化制造资源集成的体系结构从内到外分为5层。

第1层为市场和客户，即网络化制造资源集成是以市场和客户为中心，满足客户需求和赢得市场竞争是实施网络化制造资源集成的核心目标。

第2层是为满足市场和客户需求而组成的由多个企业通过建立合作伙伴关系形成的企业联盟，具体包括制造商、供应商、销售商、承运商和其他合作伙伴。根据客户和市场需求，企业联盟协作完成从原材料获取、产品设计与制造、配送分销到售后服务的全过程，通过产品和服务满足客户需求获得利润，并实现制造平台上的所有合作伙伴“共赢”效应。

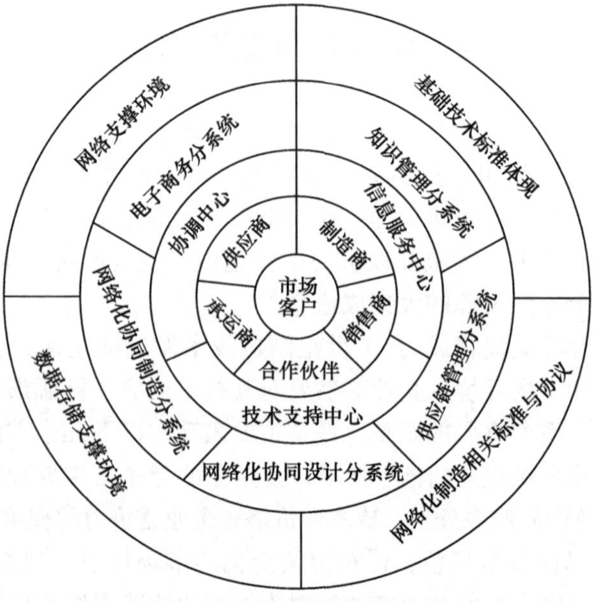

图 1-4　网络化制造资源集成体系结构

第 3 层为网络化制造资源集成提供基础使能服务支持，具体包括协调中心、信息服务中心和技术支持中心 3 个部分。网络化协调中心提供联盟企业结盟和权限管理等使能服务，如企业入盟申请的审批、入盟注册、数据访问权限的授予等；信息服务中心为联盟成员提供公共信息的存储、发布和查询服务，如网络联盟企业组织原则、合作伙伴情况（包括技术专长和生产能力等）、任务分配信息、项目和任务进展情况、产品和原材料库存情况等；技术支持中心为网络联盟企业的运作提供技术支持和技术服务，与软硬件供应商、系统集成公司等一起维护网络化制造资源集成的各支撑分系统和功能分系统的正常运行。上述 3 个中心可以建立在一个企业或组织中，也可以分布在多个企业或组织中。这些中心可以由网络联盟企业中的核心企业建立和维护，也可以委托网络联盟企业外的中立支持中心来承担。

第 4 层是支持业务运行的网络化制造应用系统层，包括电子商务分系统、供应链管理分系统、网络化协同设计分系统、网络化协同制造分系统和知识管理分系统等。电子商务分系统的功能包括产品发布、订单获取、财务管理及相关的电子支付、电子交易流程管理等；供应链管理分系统完成供应链组织、合作伙伴任务分配、协同采购、销售计划管理以及制造过程优化等功能，合作伙伴基于供应链管理分系统发起和组建供应链，并在此基础上完成任务分配和监控，并协调供应商、制造商、分销商和零售商等合作伙伴之间的生产、供应和传递等任务，优化产品制造过程的物流路径，平衡合作伙伴库存，达到降低成本，提高供应链效率和客户满意度的目标，最终使供应链达到整体最优并实现合作伙伴“多赢”。

网络化协同设计分系统支持产品制造商与零部件制造商、原材料供应商和设计伙伴，甚至客户通过网络并行和协同地进行产品设计、零部件设计、材料选择、工艺规划、虚拟加工和虚拟装配；网络化协同制造分系统完成网络化制造资源的配置和运行管理，其在网络化集成制造系统中建立相关企业的加工设备、装配设备、检测设备、运输设备等制造资源的数据库，将这些企业及其制造单元作为制造执行代理（agent）加入系统中，根据制造任务和相关制造数据适时地完成原材料供应、零部件加工、产品生产（加工和装配）等工作，并及时反馈生产信息；知识管理分系统完成公共知识库和专有知识库的建立和管理，维护相关企业、高等院校和研究院所拥有的专有技术、开发能力和人才等信息，以及独立设计人的技术和能力信息，在此基础上支持合作伙伴间的知识有偿共享、技术转让以及合作开发知识的权利共享。

第5层是网络化制造资源集成的基础环境，具体包括涵盖Internet/Intranet/Extranet的网络支撑环境、跨不同地域及异构的数据存储支撑环境（产品数据库、制造资源数据库、基础数据库）、基础技术标准体系（标准、规范、系统体系结构、网络化制造资源集成实施指南）及网络化制造相关标准与协议等，共同支撑着整个网络化制造资源集成的运行。

1.5 网络化制造的关键技术

网络化的研究与应用实施中设计大量的组织、使能、平台、工具、系统实施和运行管理技术，对这些技术的研究和应用即可以深化网络化制造系统的应用，同时又可以促进先进制造和信息技术的理论、方法及工具系统的研究和发展。网络化制造设计的技术大致可以分为总体技术、基础技术、集成技术与应用实施技术。图1-5给出了网络化制造涉及的关键技术分类及每个技术大类的含义与主要内容。

（1）总体技术。总体技术主要是指从系统的角度研究网络化制造系统的结构、组织、与运行方面的技术，包括网络化制造的模式、网络化制造系统的体系结构、网络化制造系统的构建与组织实施方法、网络化制造系统的运行管理、产品全生命周期管理和协同产品商务技术等。

（2）基础技术。基础技术是指网络化制造中应用到的共性与基础技术，这些技术不完全是网络化制造所特有的技术，包括网络化制造的基础理论与方法、网络化制造系统的协议与规范技术、网络化制造系统的标准技术、产品建模和企业建模技术、工作流技术、多代理系统技术、虚拟企业与动态联盟技术、知识管理与知识集成技术等。

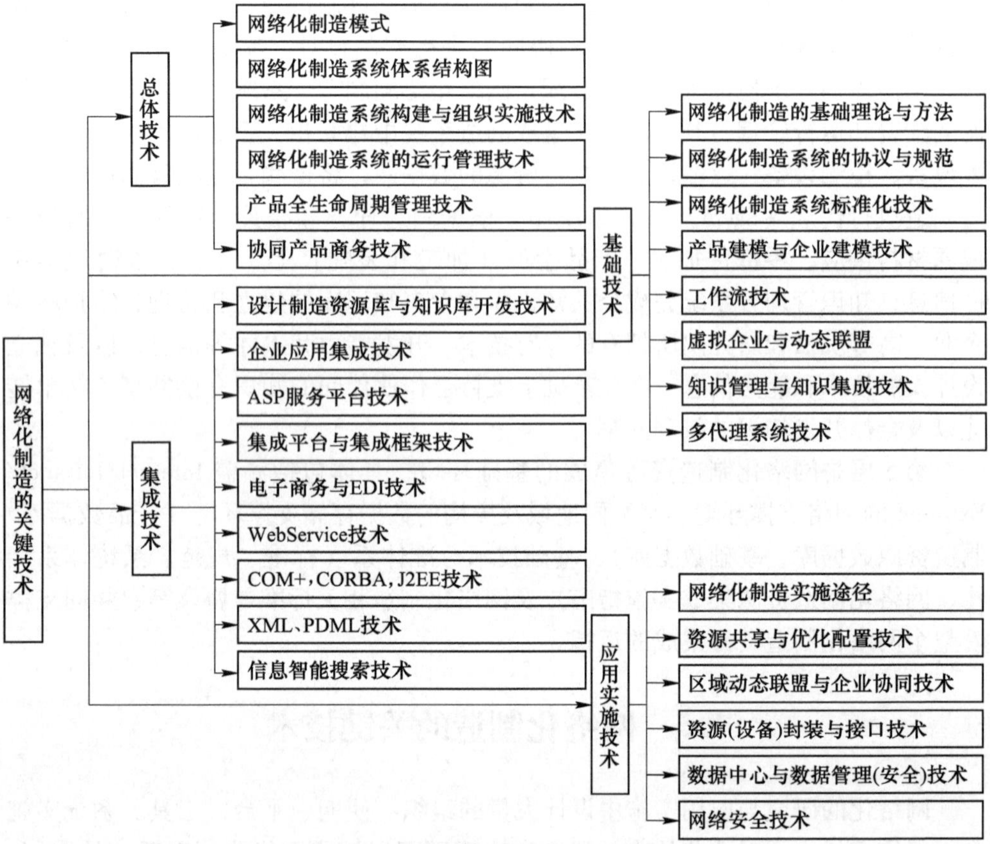

图 1-5　网络化制造的关键技术

（3）集成技术。集成技术主要是指网络化制造系统设计、开发与实施中需要用到的系统集成与使能技术，包括设计制造资源库与知识库开发技术，企业应用集成技术，ASP 服务平台技术，集成平台与集成框架技术，电子商务与 EDI 技术，WebService 技术，COM+、CORBA、J2EE 技术，XML、PDML 技术，信息智能搜索技术等。

（4）应用实施技术。应用实施技术是支持网络化制造系统应用的技术，包括网络化制造实施途径、资源共享与优化配置技术、区域动态联盟与企业协同技术、资源（设备）封装与接口技术、数据中心与数据管理（安全）技术等。

1.6　网络化制造的研究现状及发展趋势

新时期新阶段我国制造业要实现全面创新升级，应坚持智能制造发展的主攻方向，优化调整总体技术路线，即数字化制造、数字化网络化制造、数字化网络化智能化制造“并行推进、融合发展”；企业实施智能制造战略，应深度融合数字化网络化智能化赋能技术、先进制造技术，注重产品创新、生产创新、模式创新、制造系统集成创新，力争实现整体性突破[4]。数字化网络化制造方面的研究正在全球迅速兴起。围绕网络化制造模式的研究，或者在与网络化制造有关的研究中，出现了一系列新概念、新观点和新思想，如敏捷制造、并行工程、供应链管理、虚拟制造、虚拟企业和动态联盟等等。这些新概念、新观点、新思想无不体现了企业基于网络的制造理念，同时以此为基础的网络化制造的研究和应用也在迅速发展。

1.6.1 国外研究现状

近些年来在网络化制造领域出现了以下众所周知的著名研究计划：美国里海大学《美国21世纪制造企业战略》，美国能源部“敏捷制造使能计划”，美国国防部和科学基金会资助的“下一代制造”，欧洲联盟“第五框架计划”，日本“智能制造技术计划（IMS计划）”和“网络化韩国21世纪计划”等均包含了大量有关网络化制造的内容。除了上述研究计划之外，其他计划和各方面有关网络化制造的研究也在迅速发展，并已取得了不少研究成果。示例如下所述。

21世纪初美国国际制造企业研究所发表了《美国—俄罗斯虚拟企业网（Russian-American Virtual Enterprise Network，RA-VEN）》研究报告。该项目是美国国家科学基金研究项目，目的是开发一个跨国虚拟企业网的原型，使美国制造厂商能够利用俄罗斯制造业的能力。从更大意义上讲，作为全球制造基础框架一部分的美俄虚拟企业的建立与发展起到了实现全球制造的示范作用。美国标准技术研究院已经通过“先进技术计划（ATP）”资助500万美元用以建立网络化制造的安全框架，该项目旨在建立一个柔性防火墙，防火墙采用一种分布式体系结构，可以防护任何网络化制造体系所涉及的设备，大至一个企业的服务器，小至一个内嵌的传感器。“虚拟企业信息交换项目（VFIP）”是美国国家电子制造协会（NEMI）领导的工厂信息系统的一个研究项目。该项目涵盖OEM和EMS供货商之间从板卡生产到最终组装过程的双向信息交流，其重点是工程技术与制造数据的交流。另外，许多高校也在从事网络化制造的相关研究。例如，美国加州大学伯克利分校的集成制造实验室建立了世界上第一个基于WWW的设计和制造系统。英国剑桥大学正在进行“全球制造虚拟网络（GMVN）”研究。Wisconsin-Milwaukee大学Jayle教授主持的IMS中心提供了一种网络化制造的实验平台。许多公司也在研发网络化制造相关的技术支持产品。例如，美国e制造网络有限公司（e-manufacturing Networks Inc.）是首家将机械设备与Internet网络连接的公司，该公司开发的软硬件一体化Internet网络机械设备可实现异地实时设备资源利用、供应链自动化集成、生产过程在线实时监控、远程设备诊断与维护等功能。美国 MDS 有限公司开发的软件系统 OpenCNC5.1 可实现 CNC 设备通过车间局域网或 Internet 直接与 ERP、生产计划系统或设备维护系统相集成。

1.6.2　国内研究现状

国内在网络化制造方面也做了大量研究工作，国家自然科学基金、国家 863 计划、国家科技攻关计划确立了不少研究课题，已取得了不少研究成果，其中有如下比较典型的研究课题。

（1）分散网络化制造系统（DNPS）。DNPS 项目列入了国家科技攻关项目，并通过验收。在国家科学技术部组织机械工业科学技术重大进展评选中，将分散网络化制造研究列入十一大进展之一，标题为“新生产模式的研究和实践，推动了我国制造业的技术进步和管理现代化”。

（2）现代集成制造系统网络（CIMSNET）。CIMSNET 是面向制造业的全国性虚拟网络，是国家 863/CIMS 主题的重大项目之一，是为适应制造业发展趋势而建设的一个以高技术为依托、面向制造业的专业性、分布式和应用型网络系统，该系统已经建成并投入运行。

（3）区域性网络化制造系统。国内，重庆大学在国内较早地提出了“区域性网络化制造系统”的概念，并承担了国家 863 项目“区域性网络化制造系统及应用示范工程预研项目”（编号：863-511-08-017）。目前，国家 863 计划现代集成制造系统主题已将“区域网络制造系统”作为重要研究内容，并确立和开展了不少这方面的研究课题。

综上所述，网络化制造方面的研究正在全球迅速兴起和蓬勃发展。总结起来，现有研究主要集中在以下技术或技术群方面，其中各技术群所包括的若干技术具有相对的功能独立性。

（1）基础支持技术：包括网络技术和数据库技术等开展网络化制造的基础支持技术。

（2）信息协议及分布式计算技术：包括网络化制造信息转换协议技术、网络化制造信息传输协议技术、分布式对象计算技术、Agent 技术、WebServices 技术及网格计算技术等。

（3）基于网络的系统集成技术：主要包括基于网络的企业信息集成/功能集成/过程集成技术和企业间集成技术、面向敏捷制造和全球制造的资源优化集成技术、产品生命周期全过程信息集成和功能集成技术以及异构数据库集成与共享技术等。

（4）基于网络的管理技术群：主要包括企业资源计划（ERP）/联盟资源计划（URP），虚拟企业及企业动态联盟技术、敏捷供应链技术、大规模定制生产组织技术以及企业决策支持技术等。

（5）基于网络的营销技术群：主要包括基于 Internet 的市场信息技术、网络化销售技术、基于 Internet 的用户定制技术、企业电子商务技术和客户关系管理技术等。

（6）基于网络的产品开发技术群：主要包括基于网络的产品开发动态联盟模式及决策支持技术和产品开发并行工程与协同设计技术、基于网络的 CAD/CAE/CAPP/CAM 技术及 PDM 技术、面向用户的设计、用户参与的设计、虚拟产品及网络化虚拟使用与性能评价技术、设计资源异地共享技术和产品全生命周期管理技术（PLM）等。

（7）基于网络的制造过程技术群：主要包括基于网络的制造执行系统技术、基于网络的制造过程仿真及虚拟制造技术、基于网络的快速原型与快速模具制造技术、设备资源的联网运行与异地共享技术、基于网络的制造过程监控技术和设备故障远程诊断技术等。

综上所述，网络化制造的相关技术群有机结合，形成了网络化制造的技术体系，网络化制造研究发展趋势分析国内外已有研究，可对网络化制造的研究发展趋势总结如下：

（1）网络化制造系统的空间范围不断发展，全球化网络化制造系统正在形成。实施网络化制造所形成的制造系统称为网络化制造系统。例如早期的计算机集成制造系统可看作是基于企业网（现大多是 Intranet）的企业内部网络化制造系统。目前，网络化制造已从基于 Intranet 走向了基于 Intranet/Internet 或 Intranet/Extranet/Internet 的集成，已从企业内部走向了企业外部，并在迅速走向全球，全球化网络化制造系统正在形成。全球化网络化制造系统目前有两类突出案例值得一提，一类是不少跨国公司利用网络化制造技术进行全球化产品开发、生产组织和市场运作，网络化制造使得跨国公司如虎添翼，得到迅速发展，形成了全球化网络化跨国集团。另一类是针对某一市场机遇，在全球化范围内动态选择合作伙伴，形成全球化虚拟企业。

（2）网络化制造中信息交换标准协议研究的重要性日益突出。由于网络化制造的全球化趋势正在形成，作为网络化制造中基础之一的信息交换标准协议的重要性日益突出。目前与网络化制造相关的部分信息交换协议已经出现，例如联合国负责政策与技术发展的机构 UN/CEFACT 组织与国际非盈利性标准联盟 OASIS 正式批准了全球电子商务的新标准—ebXML 等。但整个网络化制造标准协议规范还远远不够，并且有些标准还在讨论之中，因此网络化制造中的信息交换标准协议还需要深入研究、开发和发展。

（3）网络化产品协同开发仍将是今后相当一段时间网络化制造的重要研究课题。网络化制造涉及的技术问题多且内容复杂。前面所述的网络化制造技术体系中许多技术问题都有待于深入研究和解决。

1.7　面向产品全生命周期的网络化集成制造系统

目前国内外对网络化制造进行了大量的研究，如动态联盟、个性化定制与协同设计以及分散网络化制造等，但大部分集中于理论研究，应用成功的典型系统还不多见。企业应用的一些网络化制造系统的功能还比较单一，仅局限于产品的个性化定制，如设计参数网上录入、产品设计图、照片网上发布等简单的功能，并未做到真正意义上的网络化制造。

开发由订单到项目管理、业务流程优化、生产管理、质量管理、目标成本管理、供应链管理和客户关系管理等整个产品生命周期的全过程管理的系统应用平台，完成开发、设计、加工、装配、生产服务、配送、售后服务等功能的面向产品全生命周期的网络化集成制造系统，对丰富和完善网络化制造的理论体系、增强网络化制造技术的实用性具有十分重要的理论与实际应用价值。

因此，在相关项目资助下，东北大学网络化制造中心王宛山教授提出了“面向产品全生命周期的网络化集成制造系统”的研究目标，并希望研究成果为网络化制造理论的完善与发展做出贡献，为网络化制造理论的实际应用提供典型范例，切实提升企业的制造水平、降低产品的制造成本，提高企业的市场竞争力。

下面是东北大学网络化制造研究中心提出的“面向产品全生命周期的网络化集成制造系统”的主要功能，如图 1-6 所示，简要介绍如下：

（1）产品设计子系统。设计人员经过身份验证进入系统进行产品开发、协同设计与在线技术服务。系统采用 Auto CAD 进行产品二维设计、采用 UG 进行产品三维设计，采用 MATLAB 进行零部件的结构分析与运动仿真。设计好的图纸须负责人审核和签字，并反馈审核信息。产品所有零件图、装配图通过总设计师签字后存入电子图库，可以被其他被授权的人员查阅、浏览和打印输出。

（2）工艺制定子系统。工艺编制人员经过身份验证便可进入系统进行产品工艺编制与在线技术服务。经审核合格的工艺文件方可存入工艺电子文档库。只有存入电子文档库的工艺文件方可被授权的其他人员或设备浏览或调用（G 代码）。

（3）生产计划子系统。通过该系统下达年生产计划、季度生产计划和月生产计划；调整年度、季度和月份生产计划；下达物料的年度、季度和月份的消耗量；调整年度、季度和月份物料的消耗计划。

通过该系统还可完成生产任务调度，将生产任务分配到设计室、工艺室以及车间等相应部门的管理者并逐级下达；在生产过程中可对各部门生产任务的完成情况进行查询，并反馈查询意见；进行外协加工零部件的信息录入与管理。

图 1-6 网络化制造系统功能

（4）制造子系统。制造子系统用于管理车间生产流程和生产服务，包括零件热加工、冷加工和产品装配进程管理与控制，技术服务，工具、量具、卡具借用服务。车间调度人员可通过该系统录入零部件的加工位置、产品装配状态。工人可通过该系统查询生产任务、物料准备情况，工具、量具、卡具借用情况，进行与设计人员、工艺人员的技术咨询，浏览零部件的设计图纸、加工工艺文件，浏览产品装配图、装配工艺和装配动画。车间管理人员通过该系统录入零件加工信息（包括每道工序的加工者代码、完工时间、验收者代码和零件号），录入产品装配信息（包括装配者代码、零部件号、完工时间和验收者代码）。物料管理人员录入物料（标准件、专用件、外构件）入库信息（品名、入库时间、数量、经手人数字签名）、出库信息（领取者代码、时间、数量，领取者数字签名）。工具管理中心通过该系统录入工具、量具、卡具的借用和归还信息。

（5）质量管理子系统。质检人员通过该系统录入零部件加工检验记录和产品装配检验记录（包括抽检零件号、抽检工序代码、加工者代码、抽检者代码和抽检时间等）。可通过该系统进行质量评估，对加工者和装配者给予不同级别的提示和警告。

（6）供应链管理子系统。该系统包括外部供应链管理系统和内部供应链管理系统两部分。外部管理系统通过与 ERP 的集成实现采购人员代码、产品名称、采购数量、采购单价、采购单位、采购日期、联系电话等信息查询。通过内部供应链管理系统可以查询物料的出库时间、出库数量、领取者、经手人、所在位置、所处状态等信息。

（7）产品销售子系统。该系统由产品销售管理系统和产品网上订购系统组成。产品销售管理系统负责销售商、代理商的管理，包括销售商、代理商的姓名、学历、销售经历以及销售业绩等信息，销售商、代理商的录入与删除。通过网上销售系统，客户可在线浏览产品图片和相关文字信息、进行在线咨询、网上定货和订购信息查询。

（8）虚拟仓库子系统。通过该系统可进行产品入库与出库操作，记录产品入库时间、入库数量、经手人代号和数字签名、产品出库时间、出库数量、领取者代号和数字签名等信息。

（9）售后服务子系统。通过该系统用户可进行网上技术咨询，在技术人员的指导下完成设备操作或排除设备故障，实现远程售后服务；如果在技术人员的指导下无法排除设备故障，可通过该系统进行现场售后服务约定，企业会派技术人员按约定日期进行现场售后服务。用户也可以通过该系统完成配件采购并随时进行采购信息查询。

（10）系统管理子系统。通过该系统可设定登陆者的使用权限；初始化不同使用权限下应用系统界面；进行系统的日常维护、删除垃圾信息，负责软件升级和信息发布，如会议通知、节假日作息时间安排、企业经营情况、企业人事变更情况以及企业内部新闻等信息。

2 闭环供应链网络优化相关理论

2.1 闭环供应链网络规划基本理论

2.1.1 供应链网络相关概念

按照供应链网络的结构分类可以将其分为正向供应链网络、逆向供应链网络和闭环供应链网络。正向供应链网络即传统意义上的供应链，而闭环供应链是在正向供应链网络和逆向供应链网络的基础上形成的。

（1）正向供应链网络。供应链是在“经济链”和“价值链”的基础上演变而来的，其定义为：“围绕核心企业，通过对整个过程的物流、信息流、资金流的控制，实现产品从原材料采购开始，经过中间企业的制造、加工、包装形成最终产品，并通过专门的销售渠道将其送到最终消费者手中，将供应商、生产商、分销商、零售商以及消费者相互连接起来的一个功能网链状结构[5]”。由于产品从原材料到形成最终产品的过程中其价值不断增加，因此也可以将供应链视为一条增值链。若将供应链上的企业用节点表示，企业之间的联系用线段表示，那么供应链可以被看作是由多个点和线组成的网链条结构，如图 2-1 所示。

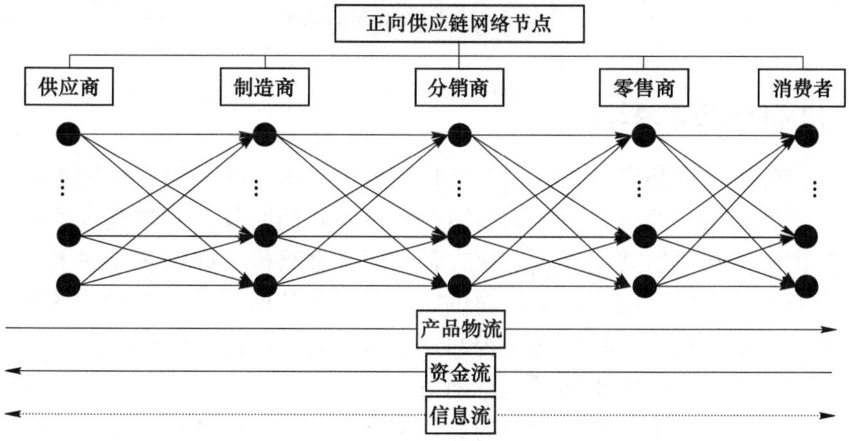

图 2-1　正向供应链网络结构

（2）逆向供应链网络。逆向供应链网络主要是围绕废旧产品回收所进行的一系列活动，是资源浪费和环境污染问题日益严峻背景下诞生的产物，其充分考虑了社会效益和环境效益，符合时代发展的需要。1992 年，James Stock 在给美国物流管理协会（CLM）的一份研究报告中，最早提出了“逆向物流”的概念，他指出逆向物流包括了产品退货、物料替换、物品再利用、废弃物处理、维修与再制造等流程的物流活动。在逆向物流的基础上，2002 年 Daniel 在《哈佛商业评论》中提出了逆向供应链这一新概念，并描述了其主要构架，即将废旧品的回收处理活动与相应的运输和销售处理结合，从而形成逆向供应链网络[6]。根据逆向供应链网络概念可得到逆向供应链网络结构如图 2-2 所示。

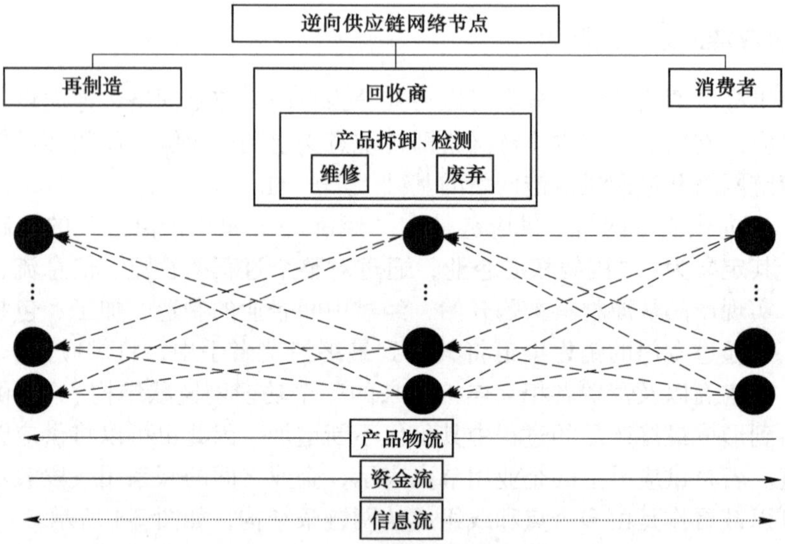

图 2-2　逆向供应链网络结构

2.1.2　闭环供应链网络结构

正向供应链网络和逆向供应链网络相结合可以形成两种供应链网络形式，第一种是开环型结构，即顾客手中的废旧产品被回收商回收，并被其利用没有回到原始正向供应链网络的其他节点；第二种是闭环型结构，即顾客手中的废旧产品被回收商回收，但最终回到原始正向供应链网络的其他节点。因此，该结构是开环还是闭环主要看回收产品最终是否回到原始正向供应链网络的节点中，上述所提的闭环型网络结构，即闭环供应链网络。

闭环供应链作为企业的一种新的竞争策略，相对于前两种供应链网络，闭环供应链网络涵盖了产品制造、销售和回收的全过程，实现资源再利用的同时也减少环境污染，同时也增进了供应链中其他层决策者与消费者之间的联系，增加了节点企业在消费者心中的信赖程度，因此，闭环供应链网络中的信息的真实性较高，从而能够减小供应链中信息失真等效应带来的影响，有助于供应链的管理。由上述内容可知，闭环供应链网络是正向供应链网络和逆向供应链网络的集成，因此其具有较为复杂的网络结构，不仅包含供应商、制造商、分销商等正向供应链中常有的节点，还包含了回收、拆卸、翻新等逆向供应链具有的功能。闭环供应链网络结构如图2-3所示。由闭环供应链网络结构可知，回收商对废旧产品回收后，需要对其进行检验，根据回收产品的结构特征以及产品和零件的性能进行分类，针对结构性能完好，但存在微小质量缺陷的产品进行维修处理，然后返回到分销商手里；对于产品性能不完整的产品，按照产品的结构构成，将产品分解、拆卸成不同的零部件，将其中具有再利用价值的零部件进行翻新，并将其发往制造中心，用于再制造；针对其余有价值的材料，将其发往原材料中心，交由原材料商进行处理；最后，将部分不具备再利用价值的废旧产品采用掩埋、降解和焚烧等手段进行处理，以减少废弃物对生态环境的危害。

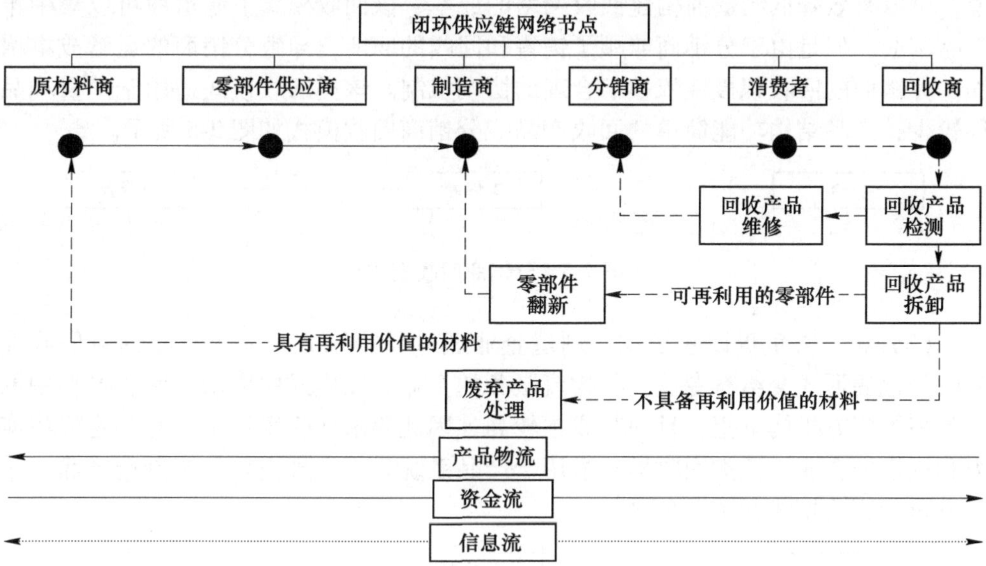

图2-3 闭环供应链网络结构

闭环供应链在实现产品从回收到再利用的过程中，最关键的核心组织是回收中心，回收中心可以是具有不同功能的组织或者企业，目前主要的回收模式可以分为三类：

（1）制造商联合企业回收的模式。制造商兼顾了制造、回收产品等职能，该种回收模式网络层次和流程简单，能有效降低额外成本。对于产品而言，制造商对回收产品的结构足够了解，因而可以快速准确的拆卸产品，提高产品拆卸效率。但该类回收模式会分散制造商的精力，对制造商有一定的挑战，因此，要求制造商具备雄厚的资金实力、专业的技术人员和先进的设备。这种模式适用于品种单一、专业性能强、回收价值高、废物量大的产品。制造商联合企业回收模式如图 2-4 所示。

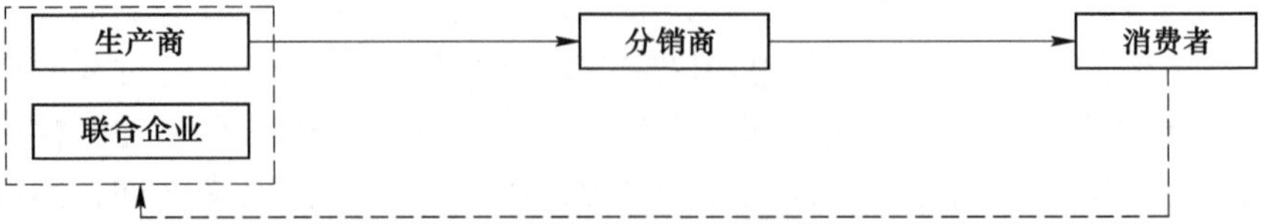

图 2-4　制造商联合企业回收模式

（2）分销商负责回收的模式。在产品回收过程中制造商不参与回收活动，而是与分销商签订契约，交由零售商负责回收，该模式由分销商和制造商共同承担产品销售、回收过程中的风险。由于分销商靠近消费者，拥有便利的回收渠道，可以有效降低制造商构建回收网络的成本，该回收模式下制造商可以集中于产品制造。但是由于分销商兼顾了销售和回收的职能，导致分销商的运营成本增加，分销商的回收积极性依赖于合理的协调机制。该类回收模式适用于产量和品种较少，产品结构功能简单的回收产品。分销商回收模式如图 2-5 所示。

图 2-5　分销商回收模式

（3）第三方负责回收模式。制造企业通过与第三方企业签订契约将回收业务以外包的形式交给有专业回收物流服务的企业。该模式中废旧品回收过程中的风险由第三方机构承担，且回收成本较高，因此要求回收组织是具有一定经济实力和规模的企业。该类回收模式适用于产品系统化、大规模化的再制造产品。第三方负责回收模式如图 2-6 所示。

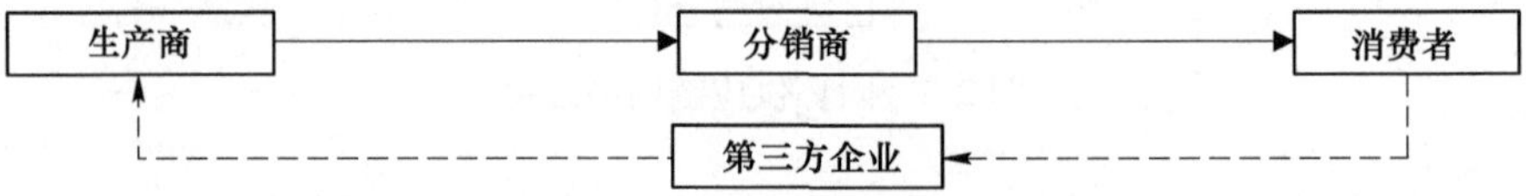

图 2-6　第三方负责回收模式

2.1.3　闭环供应链网络优化设计的主要内容

A　供应链网络优化分析

供应链网络优化是指通过制定科学有效的计划实现对供应链网络系统的管理和控制，使其获得最大的效益，其优化目标包括：最大物流量、最小网络费用、最短运输路径、最优运输规划和设施选址决策等基本问题。供应链网络优化问题是网络优化方法在供应链管理领域的应用，有利于商品或者服务从制造者转移至顾客的整个流程变得更加顺畅。

供应链网络优化是一项多层次的复杂活动，需要解决网络规划设计、资源配置和库存管理等多个问题，通过对以上问题的处理可实现降低成本、提高服务水平的目的，实现成本（运输成本、生成成本、库存成本、回收成本、处理成本……）之间的均衡、产量同需求之间的平衡以及实现资源利用的最优化。供应链网络优化活动通常可分为三个阶段：

（1）供应链网络的规划设计。其内容主要是确定供应链各节点企业的数量、位置、规模（容量）、运输路线、运输工具的调配以及原材料和零部件的采购数量。

（2）库存策略。其内容是选定合理的库存位置，选择最佳的供货商，旨在实现最优的库存量和工厂的零库存。

（3）资源分配。在网络规划和库存决策的基础上，确定产品的生产和包装的活动的完成地点，以及工厂具体的采购策略，并制定科学的生产计划以满足变化的市场需求。

B 闭环供应链网络规划决策

供应链网络规划的实现基于定性和定量方法的结合，一方面需要采用定性的方法确定网络合作企业和供应链网络结构；另一方面需要依靠定量的方法确定供应链网络成员数量、各制造中心的生产数量以及各节点企业之间的运输数量和运输方式，因此供应链网络规划需要对以下问题进行决策：

（1）供应链成员数量决策。首先需要确定供应链层级，一般来说，闭环供应链的层级包括供应点、制造中心、库存中心、分销中心、消费市场、回收中心等，同时也可以更具研究对象对以上层级做出相应调整。在确定网络层级数量之后，须进一步确定各节点企业的数量。

（2）制造中心产能决策。闭环供应链网络中往往存在多个制造商，因此在进行生产时需要在满足各制造商容量约束的条件下，确定制造商的制造量以满足市场需要。不能简单地按照就近原则选定供货商，应该建立合理的模型，在满足相应约束的前提实现整个供应链系统的最优目标。

（3）运输流量及方式决策。供应链网络规划问题的关键在于物流运输量和运输方式的确定。基于确定的闭环供应链网络结构，制造商负责将一定数量的产品来满足市场需求。此时，网络上的各节点企业在向上游订购相应数量产品的同时也需要向下游企业销售一定量的产品，为确保各节点企业实现供需平衡，这便需要依据供应链各成员的能力合理的安排生产运输计划，进行均衡合理的商品流量分配。此外，网络成本、相应时间和环境效益都会受到不同运输方式的影响，因此，合理地选择运输方式也是供应链网络规划的重要内容。

C　供应链网络规划方法

（1）数学规划模型。规划模型是供应链网络优化问题的常用方法。根据优化变量的不同可以将其分为：连续性线性规划问题和混合整数规划问题。单设施选址规划的重心法是连续性线性规划模型的典型应用，该方法以实现总运输成本最小为目标，基于多次迭代和逐渐逼近方法寻求最优解，所得的最优解往往需要修正；供应链网络中的设施选址、物料分配、路径选择等问题往往需要建立混合整数规划模型。在闭环供应链网络设计中，通常采用混合整数非线性规划建模，而求解方法根据问题的复杂性可以采用传统精确方法、优化软件和启发式算法来求解。

（2）计算机仿真模型。由于闭环供应链网络是一个拥有多个对象的复杂动态系统，其必然面临多种不确定因素，因而模型中存在着许多难以用简单的数学方法解析的不确定参数。针对这类问题，学者一般是通过构建系统仿真模型，对闭环供应链网络系统进行抽象实验，模拟其运作过程，以确定设施选址和物料流动数量，进行成本核算和绩效影响分析。基于仿真模型，得出多个布局方案，并通过比较得出最优方案。

2.2　闭环供应链网络中的不确定性

2.2.1　闭环供应链网络不确定性的来源及特点

闭环供应链网络是一个由多个供应商、制造商、销售商和回收商等组成的复杂动态网络结构。其基本特征是具有复杂性、动态性、交叉性和需求性。按照闭环供应链网络结构划分，可以将不确定性因素的来源分为：供应不确定性、生产过程不确定性、中间不确定性、需求端不确定性以及回收过程不确定性。不确定性的表现形式如表 2-1 所示。

表 2-1　闭环供应链网络不确定的来源及表现

表现形式	成本	时间	数量	容量约束
供应端	供货价格	原材料交货期	供应量	供应能力
生产过程	生产价格 销售价格	产品交货期 生产周期	生产批量 交货量	生产能力
中间过程	仓储成本 运输成本	运输时间	仓储量 运输量	仓储能力 运输能力
需求端	期望价格	期望交货期	市场需求量	市场规模
回收过程	回收价格	回收周期	回收数量	回收能力

闭环供应链网络中的不确定性主要有如下特点：

（1）必然性。市场的不确定性必然导致供应链网络的不确定性。需求不确定是供应链网络中主要的不确定性因素，虽然可以结合历史数据和相应的预测方法将其大致变化做出判断，但想要完全准确地获取每一天的市场需求量是不可能的。所以，供应链网络中的不确定性是不可避免的，但可以采取一些措施来减少不确定性对网络的影响。

（2）波动性。由于市场环境的变化，导致网络成本和需求的波动。以市场需求为例，供应链的各级企业对的生产数量总会与实际需求之间存在差异。同时，企业的生产计划与实际生产之间也会有所不同，而且这种波动是随机的。

（3）可传递性。由闭环供应链网络结构可知，供应链网络各节点企业相互联系的，信息相互交换，其中某个节点因不确定性而出现问题必然会波及其他与之相联系的企业。

2.2.2 供应链网络不确定性产生机理

掌握不确定性产生的原因是管理和控制不确定性的基础，本书从构成闭环供应链网络系统的三个基本要素出发，即从人、物和环境角度具体分析供应链网络不确定性的产生机理。具体如表 2-2 所示。

表 2-2 闭环供应链网络中不确定性产生机理

要素	原因		
人 （劳动者和管理者、消费者）	感知的粗糙度 感知过程影响着人的决策和行为，对于超出人的感知部分通常表现出一定的粗糙性。如对需求和回收品状态的判断、对产品质量的认可等等	记忆的模糊性 随着时间的推移，记忆的模糊性增强。如产品广告效益、企业形象对产品销量的促进效果随时间的推移而逐渐弱化	思维的随机性 思维的随机性由博弈和过程（人的环境分析能力）的不确定性造成。如合作过程的利益分配问题
物 （机器、设施等所有装备以及流程中的物料或产品）	结构复杂性 结构的复杂性主要体现在产品结构、加工装备体系以及网络结构的复杂性。其中产品的结构，决定了生产的工艺过程，其结构越复杂加工装备体系就会越复杂。这些都会使得相关企业及部门更难以把握和控制，从而导致产生不确定性	运作不稳定性 生产设备因自身原因、环境原因或操作原因的突发故障，也包括物料或产品在加工或使用过程中的异常，从而产生不确定性	

续表 2-2

要　素	原　　因		
	政策变化	市场变化	突发风险
环境（社会、资源和生态环境）	政府出台的相关政策，对生产、销售、回收的数量和质量提出新的要求，加剧了系统运作的不确定性	供应链各节点企业和组织的任务环境的变化，即竞争对手、合作伙伴的经营环境的不断变化	洪灾、台风、地震、交通堵塞、集会、游行、恐怖主义、战争这些难以预测的突发事件给供应链带来极大不确定性

基于表 2-2 可知，影响供应链不确定性的原因众多，且存在一定的互交性，使得闭环供应链网络在实体、过程、时空等诸多方面都表现出各种不确定性，对供应链系统性能产生了显著影响，且更多是一种消极作用，在多种不确定因素的共同影响下，整个闭环供应链网络表现出“牛鞭效应”。闭环供应链网络中的牛鞭效应包括“正牛鞭效应”和“逆牛鞭效应”，例如市场需求呈现的是一种“正牛鞭效应”，即当市场需求的波动会引起分销商、制造商、零部件供应商和原材料供应商的波动，且波动程度会逐层增加；相对需求所产生的“正牛鞭效应”而言，回收数量则表现出“逆牛鞭效应”，即当市场回收数量的波动会引起回收商、制造商（原材料商）的波动，且波动程度会逐层减弱。

总而言之，“正牛鞭效应”（“逆牛鞭效应”）是由于网络中各个节点企业在决策时都会对来自下游（上游）节点的不确定供应信息进行乐观（悲观）决策，从而提高（降低）供应量预期，这种提高（降低）预期的信号会沿着供应节点自下而上逐级扩大（减少）。除此之外，对于结构复杂的闭环供应链网络系统，不确定性在传播过程中可能会对一些临界点上造成较大影响，产生“蝴蝶效应”，造成从量变到质变的极端情况，影响到产品的开发和销售。同时不确定性带来的信息不对称问题，使得系统中每个成员在决策时都会以自身利益最大化为目标，决策会影响到市场需求，进而导致供应链整体利益在各成员之间进行分配时各方的利益减少，产生“双重边际效应”。基于表 2-2 中对供应链网络不确定性产生机理的详细分析，进一步描绘闭环供应链网络的不确定性形成机理如图 2-7 所示。

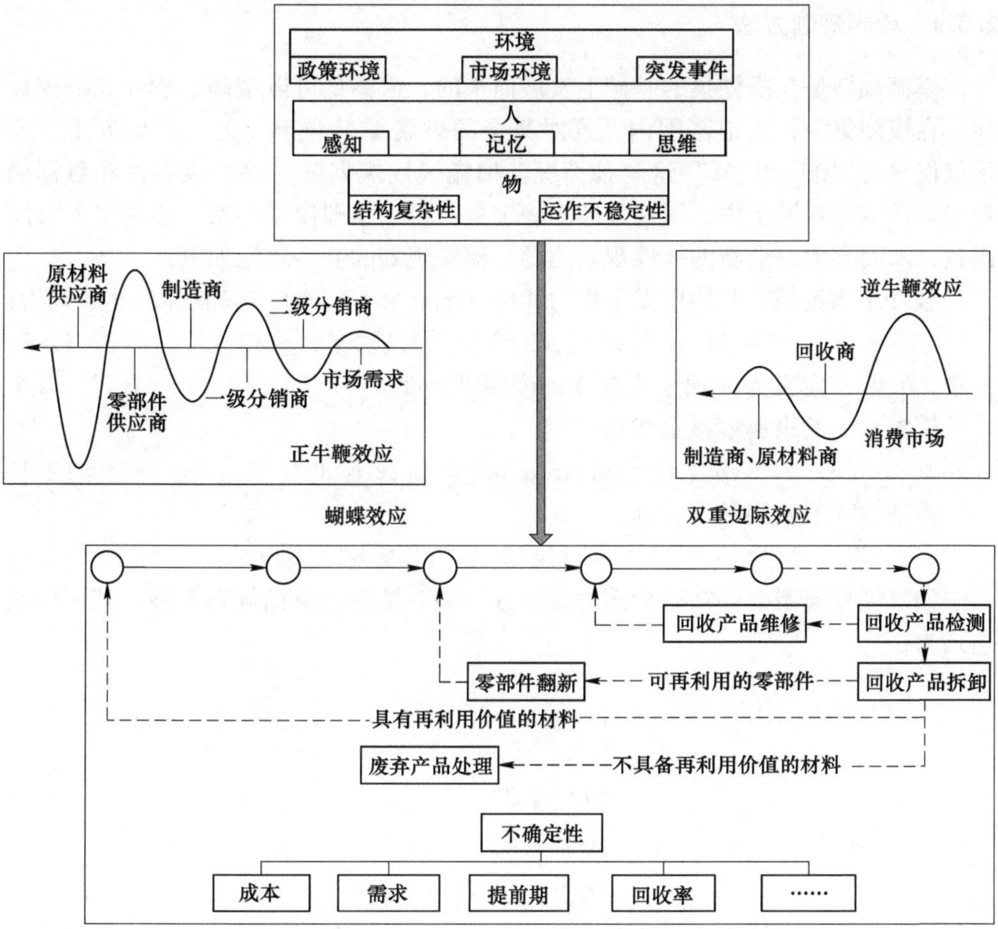

图 2-7 闭环供应链网络不确定性产生机理

2.3 不确定性优化方法

基于线性规划、非线性规划、目标规划、动态规划等经典数学规划方法构建关系模型时，系统中的参数都是确定的。事实上，确定性系统在真正意义上是不存在的，目前有关确定性系统的建模设计是基于大量假设和简化去识别和表征系统的状态、功能和行为，因此其适用性受到限制。而采用不确定性优化方法进行系统设计时，更符合现实情况，无需过多假设，因此可以获得较为客观和真实的优化模型、更为可靠的结论和方法。目前主流的不确定性优化方法主要包括：模糊规划方法[7]、随机规划方法[8]和鲁棒优化方法[9]。

2.3.1 模糊规划方法

模糊规划是在模糊集的基础上发展而来的，模糊集可以准确识别和表征模糊性。在模糊集中，给定范围内元素对集合的隶属关系介于［0，1］区间上，而不仅仅只有“0”和“1”这两种情况。模糊线性规划就是将约束条件和目标函数模糊在该规划模型中，模糊数即不确定量，模糊集即模型约束，通过引入隶属函数，从而导出一个新的线性规划问题。模糊规划的基本理论如下：

假设 X 为论域，X 的模糊子集为 $A=\{A\alpha\}\alpha\in[0,1]$，其具体表达形式为：

$$A=\{(x,\mu_{\mathrm{A}}(x)):\mu_{\mathrm{A}}(x)\in[0,1],\forall x\in X\} \tag{2-1}$$

式中，$\mu_{\mathrm{A}}(x)$ 定义为 X 属于集合 A 的模糊隶属度。

模糊数 A 的隶属度被描述为：

$$\mu_{\mathrm{A}}(x)=\sup\{\alpha\mid\alpha\in[0,1],x\in A_{\alpha}\} \tag{2-2}$$

模糊数 A 的截集被描述为：

$$[A]_{\alpha}=\{x\in X\mid\mu_{\mathrm{A}}(x)\geqslant\alpha\} \tag{2-3}$$

如果规划模型中存在或全部为模糊数，则该模型为模糊规划模型，其一般表达式为：

$$\begin{cases}\min(\max)f=\tilde{C}X\\ \text{s. t.}\\ AX\leqslant B\\ DX\geqslant E\\ \tilde{C},\tilde{A},D\neq 0\end{cases} \tag{2-4}$$

模糊规划的求解方法主要分为两种：

（1）模糊机会约束规划。该方法不要求模糊约束完全满足决策者预先定义的置信水平。该方法求解过程简单，决策者可以根据实际情况或自身偏好设置不同置信水平，极大地丰富决策者的决策空间，利于决策者获得折中的决策方案。

（2）模糊强健性规划。该方法强调两个模糊数或模糊区间的比较，求解时需增加模糊约束的维数，等价转换过程简单，可以将模型结果限定在一个更可靠的空间内，能够获得更健壮的解和稳定性较强的决策方案。

2.3.2 随机规划方法

随机数学规划诞生于 20 世纪 50 年代，最早用于制定航班的飞行计划，在这里假定乘客数量为随机变量。如果说模糊理论是用于描述事件本身状态的不确定性，那么随机理论更多是在反映某事件是否发生的不确定性。随机规划与模糊规划的主要差别在于不确定参数的建模方式，随机规划中不确定量是由连续或者离散的概率分布函数来描述的而不是用模糊数和模糊集来描述。

模糊规划基本理论如下：

假定随机变量分布在概率空间（Ω, A, P_r）到实数集的可测函数f；ξ_1，ξ_2，…，ξ_n是概率空间（Ω, A, P_r）上的随机变量，则可将其定义为：

$$\xi(\omega) = f(\xi_1(\omega), \xi_2(\omega), \cdots, \xi_n(\omega)), \forall \omega \in \Omega \tag{2-5}$$

类似于模糊规划模型，当规划模型中的部分或全部参数是属于概率空间（Ω, A, P_r）上随机变量，则该模型为随机规划模型，其一般表达式为：

$$\begin{cases} \min(\max) f = C(\omega)X \\ \text{s. t.} \\ A(\omega)X \leqslant B(\omega)X \\ DX \geqslant E \\ C(\omega)X, A(\omega)X, D \neq 0 \end{cases} \tag{2-6}$$

随机规划的主要求解方法有如下几种：

（1）随机机会约束规划。该方法只需要满足预定的概率水平，不需要严格满足随机约束条件。该算法结构框架简单，易于求解，由于约束不必完全满足利于扩大决策空间的扩大，但会导致整个系统的稳定性下降。

（2）两阶段随机规划。该方法的第一阶段：管理者预先设定初始决策；第二阶段：分析识别系统中的随机事件，并实施补救措施，然后得到的最终决策方案。两阶段随机规划将随机事件表征为离散情景条件下的确定值，因此便于求解，同时有助于将决策者的理解和认识结合到模型构建和求解过程中，更好地发挥了决策者的主观能动性。

（3）其他随机数学规划方法。其他随机数学规划方法还包括期望值随机规划方法和双重随机规划方法等等。

2.3.3 鲁棒优化方法

鲁棒性是伴随不确定性问题而存在的普遍现象，是系统本身的一个基本属性，即系统受到内部和外部不确定干扰素而依旧保持稳定的一种能力。在供应链网络的鲁棒性主要表现在面对供应端、需求端、生产运输过程和回收过程中的不确定干扰素，仍能实现企业的稳定收益和持续运营。

鲁棒优化方法是处理系统内部不确定数据扰动的优化方法，其目的是找到模型的鲁棒解，提高模型鲁棒性，增强系统抵御不确性因素干扰的能力。该方法不强调不确定参数的概率分布情况，而是利用有界的不确定集或者离散的情景来表示不确定性因素，决策者可以通过调整给定不确定集从而避免在考虑最坏情况下出现最优解过于保守的情况。模糊规划方法和随机规划方法求解的是使目标函数的数学期望值最大或数学期望值最小的问题，而鲁棒优化方法不仅关注目标函数的数学期望值，在增加系统鲁棒性的同时，还考虑了不同确定程度下目标函数值之间的差异变化。鲁棒优化方法主要分为：鲁棒线性规划、鲁棒二次规划、鲁棒半正定规划等，其中鲁棒线性规划理论是鲁棒优化理论中发展最为成熟的，因此本节主要介绍鲁棒线性规划理论。

一般线性规划问题可以描述为：

$$\min\{\boldsymbol{C}^T\boldsymbol{X}:\boldsymbol{AX}\leqslant\boldsymbol{B},\boldsymbol{C},\boldsymbol{A},\boldsymbol{B}\in u\in R^n\times R^{n\times m}\times R^m\}\tag{2-7}$$

考虑目标函数和约束同时带有不确定参数，即同时考虑矩阵 $\boldsymbol{C}$ 和 $\boldsymbol{A}$ 的不确定，$\boldsymbol{B}$ 为系数矩阵，若 $\boldsymbol{A}=(a_{11},\ \cdots,\ a_{ij},\ \cdots,\ a_{nm})$，$\boldsymbol{C}=(c_1,\ \cdots,\ c_i,\ \cdots,\ c_n)$，$\boldsymbol{B}=(b_1,\ \cdots,\ b_j,\ \cdots,\ b_m)$，$c_i$，$a_{ij}$，$b_j$ 表示参数的标称值，那么公式（2-7）可以描述为：

$$\min\{\sum_j c_jx_j:\sum_j a_{ij}x_j\leqslant b_i,\forall i,j\}\tag{2-8}$$

则对应的鲁棒优化模型可以描述为：

$$\begin{cases}\min W\\ \text{s. t.}\\ W-\sum_j\tilde{c}_jx_j\leqslant 0\\ \sum_j\tilde{a}_{ij}x_j-b_i\leqslant 0\end{cases}\tag{2-9}$$

式中，$\tilde{a}_{ij}=a_{ij}+\hat{a}_{ij}\xi_{ij}$，$\tilde{c}_j=c_j+\hat{c}_j\xi_j$，且 $j\in J_i$ 表示受不确定性影响的参数子集；其中 $\hat{a}_{ij}$，$\hat{c}_j$ 表示不确定参数的波动范围；ξ 表示受不确定性影响的独立随机变量，且存在于有界的不确定集合 U。因此，公式（2-9）可以等价转换为：

$$\begin{cases}\min W\\ \text{s. t.}\\ \sum_j c_jx_j+\max\sum_j(\xi_j\hat{c}_jx_j)\leqslant W\\ \sum_j a_{ij}x_j+\max\limits_{\xi\in U}(\sum_j\xi_{ij}\hat{a}_{ij}x_j)\leqslant b_i\end{cases}\tag{2-10}$$

线性鲁棒优化模型构造一个对所有输入数据可行的解，使得每个不确定的输入数据都可以从间隔中取任何值。然而，这种方法找到的解决办法过于保守。针对上述问题，Bertsimas 和 Sim（2004）提出了一种具有约束保护水平的鲁棒优化方法。该方法并非用于所有不确定参数的求解，而是用于网络部分不确定参数的求解，该方法不会以线性规划的方式增加所研究问题的复杂性，同时克服了 Soyster（1973）提出的线性框架的缺点。具体模型如下所示：

$$\begin{aligned}&\min\boldsymbol{cx}\\ &\text{s. t.}\quad \boldsymbol{A}x\leqslant b\end{aligned}\tag{2-11}$$

在不失一般性的前提下，考虑矩阵 $\boldsymbol{A}$ 的不确定性。应注意在矩阵 $\boldsymbol{c}$ 不确定的情况下，可以通过添加约束来更改模型 $\boldsymbol{cx} \leqslant Z$，并将目标函数更改为 $\min Z$。矩阵 $\boldsymbol{A}$ 如下所示：

$$\boldsymbol{A} = \begin{bmatrix} \tilde{a}_{11} & \cdots & \tilde{a}_{1n} \\ \cdots & \ddots & \cdots \\ \tilde{a}_{m1} & \cdots & \tilde{a}_{mn} \end{bmatrix} \tag{2-12}$$

假设只有矩阵 $\boldsymbol{A}$ 的元素不确定，则公式（2-11）可以进一步描述为：

$$\begin{gathered} \sum_j a_{ij}x_j + \underset{U = \{s_i \cup \{t_i\} \mid s_i \mid \subseteq J_i, \mid s_i \mid \leqslant \lfloor \Gamma_i \rfloor, t_i \in J_i/s_i\}}{\max} \\ \left\{ \sum_{j \in s_i} \hat{a}_{ij}x_j(\Gamma_i - \lfloor \Gamma_i \rfloor)\hat{a}_{ij}t_i x_j \right\} \leqslant b_i \\ x_j \geqslant 0, \forall i, j \end{gathered} \tag{2-13}$$

式中，

$$J_i \equiv s_i \cup \{t_i\} \& \begin{cases} |s_i| = |J_i| \\ t_i = |J_i - |J_i|| \end{cases} \tag{2-14}$$

公式（2-13）可以进一步描述为：

$$\sum_j a_{ij}x_j + \beta_i(x, \Gamma_i) \leqslant b_i, \forall i \tag{2-15}$$

其中 $\beta_i(x, \Gamma_i)$ 被称为保护函数。假设最佳解决方案是 x^*，则保护函数可以进一步描述为：

$$\begin{gathered} \beta_i(x^*, \Gamma_i) = \underset{U = \{s_i \cup \{t_i\} | s_i \subseteq j_i, |s_i| \leqslant \lfloor \Gamma_i \rfloor, t_i \in J_i/s_i\}}{\max} \\ \left\{ \sum_{j \in s_i} \hat{a}_{ij} |x_j^*| + (\Gamma_i - \lfloor \Gamma_i \rfloor)\hat{a}_{ij}t_i |x_j^*| \right\} \end{gathered} \tag{2-16}$$

引入辅助变量 z_{ij} 得到公式（2-16）线性等价模型：

$$\beta_i(x^*, \Gamma_i) = \text{maximize} \sum_{j \in J_i} \hat{a}_{ij} |x_j^*| z_i \tag{2-17}$$

公式（2-17）满足以下约束：

$$\sum_{j \in J_i} z_i \leqslant \Gamma_i, 0 \leqslant z_i \leqslant 1, \forall j \in J_i \tag{2-18}$$

基于对偶理论，得到公式（2-18）的对偶形式为：

$$\begin{aligned}
&\min \sum_{j\in J_i} \gamma_{ij} + \Gamma_i z_i \\
&\text{s. t.} \\
&\gamma_{ij} + z_i \geqslant \hat{a}_{ij} x_j \, \forall i, j \in J_i \\
&\gamma_{ij} \geqslant 0, \forall j \in J_i \\
&z_i \geqslant 0, \forall i
\end{aligned} \tag{2-19}$$

式中，z_i，γ_{ij}为对偶变量，基于公式（2-19）可知公式（2-11）的鲁棒对应式为：

$$\begin{gathered}
\text{maximize} \quad \boldsymbol{cx} \\
\text{s. t.} \\
\sum_j a_{ij} x_j + \Gamma_i z_i + \sum_{j\in J_i} \gamma_{ij} \leqslant b_i, \forall i \\
p_{ij} + z_i \geqslant \hat{a}_{ij} y_j \quad \forall i, j \in J_i \\
\gamma_{ij} \geqslant 0, \forall j \in J_i \\
z_i \geqslant 0, \forall i
\end{gathered} \tag{2-20}$$

鲁棒控制系数（风险规避水平）可以有如下解释：

（1）将不鲁棒控制系数的值设置为 $0(\Gamma_i = 0)$，那么所有参数的值均是确定的；

（2）对不确定鲁棒系数的值设为最大值（$\Gamma_i = |J_i|$），将得到最大风险规避水平的模型。

关于模型的结构，可以求解线性问题，并且在完全不确定的条件下，稳健的优化可能会达到最佳解决方案。鲁棒控制系数 Γ_i 在违背主要问题的约束和对目标函数的影响可以作为确定的成本。在这种方法中，令 x_j^* 为模型的稳健解。则第 i 个概率违反约束可以通过以下方式计算：

$$p\left(\sum \tilde{a}_{ij} x_j^* > b_i\right) \leqslant 1 - \phi\left(\frac{\Gamma_i - 1}{\sqrt{|J_i|}}\right) \tag{2-21}$$

$$\phi(\theta) = \frac{1}{\sqrt{2\pi}} \int_{-\infty}^{\theta} \exp\left(-\frac{y^2}{2}\right) \mathrm{d}y \tag{2-22}$$

式中，$\phi(\theta)$ 是标准正态随机变量的累积分布函数。

鲁棒对应优化模型的建立与不确定性集 U 的选取有关[10]，决策结果的保守度与不确定集的精确度呈反比。同时，不确定集的形式依赖于不确定参数的实际分布情况，目前常用的不确定集有盒式不确定集（区间不确定集）、椭球不确定集和多面体不确定集。以上不确定集的数学表达式如下所示：

盒式不确定集：

$$U_{\text{box}} = \{\xi \mid \|\xi\|_\infty \leqslant \Psi\} = \{\xi \mid |\xi_j| \leqslant \Psi, \forall j \in J_i\} \tag{2-23}$$

椭球不确定集：

$$U_{\text{ellipsoidal}} = \{\xi \mid \|\xi\|_2 \leqslant \Omega\} = \left\{\xi \,\middle|\, \sum_{j \in J_i} \xi_j^2 \leqslant \Omega^2\right\} \tag{2-24}$$

多面体不确定集：

$$U_{\text{polyhedral}} = \{\xi \mid \|\xi\|_1 \leqslant \Gamma\} = \left\{\xi \,\middle|\, \sum_{j \in J_i} |\xi_j| \leqslant \Gamma\right\} \tag{2-25}$$

式中，Ψ、Ω、Γ 均表示不确定预算，即控制不确定性大小的可调参数。不同形式的不确定集如图 2-8 所示。基于各不确定集的鲁棒对应模型如表 2-3 所示。区间不确定集是盒式不确定集的特殊情况，是最简单的不确定集，引入盒式不确定集构建鲁棒优化模型时，不确定参数在边界点取值，但实际应用中，不确定参数同时取极值的概率很小，所以该方法获得的鲁棒解保守性较高；与盒式不确定集相比，椭球不确定集能够体现出不确定参数之间的相互关联性，因此更加灵活，但该方法求解难度较大，所以在实际的优化问题中一般不采用。多面体不确定集具有线性结构，因而便于计算，且容易控制不确定度，在实际的工程问题中被广泛应用。基于此，本书在构建鲁棒模型时采用多面体不确定集描述闭环供应链网络的不确定成本、需求、提前期和回收率。

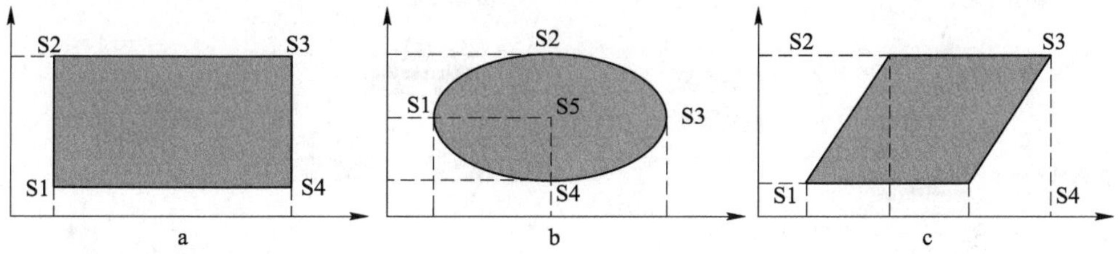

图 2-8　不同形式的不确定集

a—盒式不确定集；b—椭球不确定集；c—多面体不确定集

表 2-3　基于各不确定集的鲁棒对应模型

不确定集	盒式不确定集	椭球不确定集	多面体不确定集
鲁棒对应模型	$\min W$ s. t. $\sum_j c_j x_j + \Psi \sum_{j \in J_i} \hat{c}_j u_j \leqslant W$ $\sum_j a_{ij} x_j + \Psi \sum_{j \in J_i} \hat{a}_{ij} u_j \leqslant b_i$ $-u_j \leqslant x_j \leqslant u_j$ 当 $\Psi = 1$ 时为区间不确定集	$\min W$ s. t. $\sum_j c_j x_j + \left[\Omega \sqrt{\sum_{j \in J_i} \hat{c}_j^2 x_j^2}\right] \leqslant W$ $\sum_j a_{ij} x_j + \left[\Omega \sqrt{\sum_{j \in J_i} \hat{a}_{ij}^2 x_j^2}\right] \leqslant b_i$	$\min W$ s. t. $\sum_j c_j x_j + z_j \Gamma \leqslant W$ $\sum_j a_{ij} x_j + z_j \Gamma \leqslant b_i$ $z_j \geqslant \hat{c}_j u_j$ $z_i \geqslant \hat{a}_{ij} u_j$ $-u_j \leqslant x_j \leqslant u_j$

3 基于多面体不确定集的鲁棒优化模型构建

3.1 问题描述与假设

3.1.1 问题描述

本书研究的是不确定环境下，由第三方负责产品回收的单周期、多层级、多运输方式的闭环供应链网络优化设计问题，该闭环供应链网络结构如图 3-1 所示。

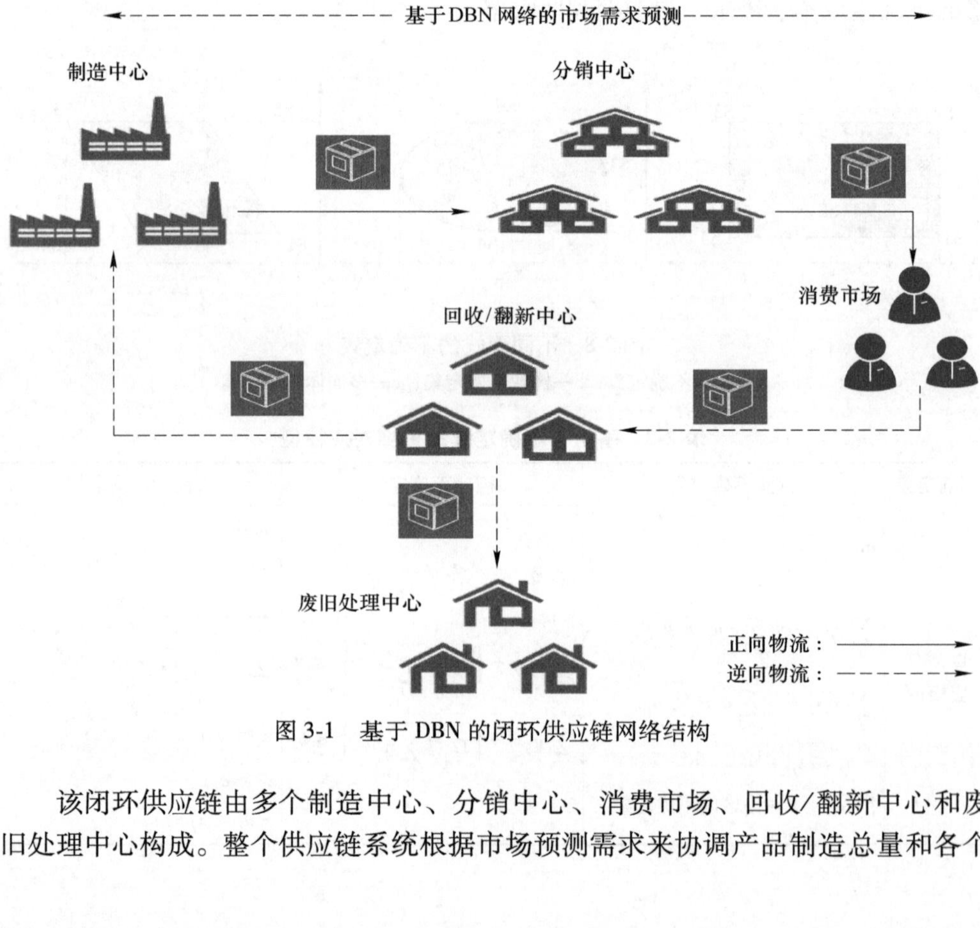

图 3-1 基于 DBN 的闭环供应链网络结构

该闭环供应链由多个制造中心、分销中心、消费市场、回收/翻新中心和废旧处理中心构成。整个供应链系统根据市场预测需求来协调产品制造总量和各个分销中心送至消费市场的产品数量。该闭环供应链的基本流程如下：正向供应链网络中，制造商基于 DBN 方法所获取的市场预测需求进行产能决策，并将产成品运送至多个分销中心，分销中心同样基于各市场的预测需求量将产品运往各消费市场；逆向供应链网络中，第三方回收/翻新中心从消费市场回收废旧产品，并对其进行检测、拆卸、翻新、处理，将翻新处理后的零部件运输至制造中心进入再循环，同时将不具备再利用价值的废旧零部件运输至废旧处理中心进行报废处理。

3.1.2 参数符号及含义

模型涉及的符号及其含义如表 3-1 所示。

表 3-1 符号及含义

	符 号	含 义
指标集	i	制造中心集合，$i \in I$
	j	分销中心集合，$j \in J$
	k	消费市场集合，$k \in K$
	l	回收/翻新中心集合，$l \in L$
	n	废旧处理中心集合，$n \in N$
	m	产品运输方式集合，$m = M$
与制造中心有关的参数	fc_i	制造中心 i 开设的固定成本（元）
	cp_i	制造中心 i 的最大生产能力（件）
	$\tilde{m}c1_i$	制造中心 i 从供应商处获取原材料的单位制造成本（元）
	$\tilde{m}c2_i$	制造中心 i 从回收中心 l 获取原材料的单位在制造成本（元）
	fce_i	制造中心 i 开设产生的碳排放量（kg）
	mce_i	制造中心 i 制造单位产品产生的碳排放量（kg）
与分销中心有关的参数	fc_j	分销中心 j 开设的固定成本（元）
	cp_j	分销中心 j 的最大处理能力（件）
	dc_j	分销中心 j 的单位分销成本（元）
	fce_j	分销中心 j 开设产生的碳排放量（kg）
与消费市场有关的参数	D_k	消费市场 k 的实际需求量（件）
	$D_{k(\mathrm{DBN})}$	基于 DBN 预测模型的市场 k 的预测需求量（件）
	$pc1_k$	消费市场 k 供需不平的单位惩罚成本（元）
	$pc2_k$	市场 k 延迟交货的单位惩罚成本（元）
	$ld\ (t)_{jk}$	分销中心 l 向市场 k 延迟交货的时间（天），$ld\ (t)_{jk} \leqslant 3$
	$p\ (t)_{jk}$	相应延迟时间发生的概率
	T	产品寿命（年）
	$\tilde{\tau}_k$	已使用产品在市场 k 的回收率

续表 3-1

	符　号	含　　义
与回收/翻新中心有关的参数	t	回收产品使用年限（年）
	fc_l	回收/翻新中心 l 开设的固定成本（元）
	cp_l	回收/翻新中心 l 的最大回收能力（件）
	$rc1_l$	回收/翻新中心 l 回收产品的单位回收拆卸成本（元）
	$rc2_l$	回收/翻新中心 l 翻新零部件的单位费用（元）
	fce_l	回收/翻新中心 j 开设产生的碳排放量（kg）
	$rce1_l$	回收/翻新中心 l 拆卸单位产品产生的碳排放量（kg）
	$rce2_l$	回收/翻新中心 l 翻新单位零部件产生的碳排放量（kg）
	μ_l	回收/翻新中心 l 的产品翻新率
与废旧处理中心有关的参数	fc_n	废旧处理中心 n 开设的固定成本（元）
	cp_n	废旧处理中心 n 的最大处理能力（件）
	wc_n	废旧处理中心 n 处理单位废旧品的费用（元）
	fce_n	废旧处理中心 j 开设产生的碳排放量（kg）
	wce_n	废旧处理中心 n 处理单位废旧产品产生的碳排放量（kg）
与运输有关的参数	fc_m	运输方式 m 的固定租赁成本（元）
	cp_m	运输方式 m 的最大装载能力（件）
	tc_m	运输方式 m 的单位运输成本（元）
	D_{ij}	制造中心 i 到分销中心 j 的运输距离（km）
	D_{jk}	分销中心 j 到消费市场 k 的运输距离（km）
	D_{kl}	消费市场 k 到回收/翻新中心 l 的运输距离（km）
	D_{li}	拆卸中心 l 到制造中心 i 的运输距离（km）
	ce_m	运输方式 m 单位距离产生的碳排放量（km · kg）
	σ_m	运输方式 m 每千米产品的产品质量损失系数
决策变量	X_{imj}	采用运输方式 m 将产品从制造中心 i 运至分销中心 j 的产品数量（件）
	Y_{jmk}	采用运输方式 m 将产品从分销中心 j 运至消费市场 k 的产品数量（件）
	Z_{kml}	采用运输方式 m 将回收产品从消费市场 k 运至回收/翻新中心 l 的回收品数量（件）
	W_{lmn}	采用运输方式 m 将废旧产品从回收/翻新中心 l 运至 f 废旧处理中心 n 的废旧品数量（件）
	V_{lmi}	采用运输方式 m 将翻新零部件从回收/翻新中心 l 运至制造中心 i 的翻新零部件数量（件）
	OF_e	$OF_e=1$ 表示节点设施 e 开设，$OF_e=0$ 表示关闭，$e=\{i,\ j,\ l,\ n\}$
	OF_m	$OF_m=1$ 表示采用 m 运输方式，$OF_m=0$ 表示不采用

3.1.3 基本假设

结合实际情况，同时为了简化模型，做出如下假设：

假设1：本模型只考虑某单一产品的单周期运营情况进行建模，且将本期回收的具有再制造价值的产品作为本期再制造产品的来源。

假设2：从供应商手中获取的零部件和从回收商手中获取的零部件所制造的产品无差异，以相同价格出售。

假设3：在成本方面，只考虑设施固定成本、与产品生产运输相关的成本、不考虑库存成本和时间成本。

假设4：制造中心、分销中心、回收/翻新中心及废旧处理中心的备选位置已知，消费市场的数量和位置是固定的。

假设5：运送至同一节点的产品只能采用同一种运输方式，运往不同节点的产品可以采用不同的运输方式。

假设6：节点之间采用运输方式 m 进行物料配送时，按照运输方式 m 的最大装载量装载，当最后一批物料数量可以不用满足最大装载量。

假设7：再制造概率取决于回收产品的质量，产品寿命 T、产品使用年限 t 和产品运输过程的质量损失系数 σ_m 共同决定了回收产品的质量水平 $q(t)$，产品被使用时间越长，运输质量损失系数越大，回收产品的质量水平就越低；反之就越高。其数学表达式为：

$$q(t) = \frac{T}{t + \sigma_m} \tag{3-1}$$

Q 为回收/翻新中心的最低翻新能力，其能力水平属于区间 $[Q, 1)$，回收产品使用年限为 (t_1, t_2)，零部件翻修（再制造）概率为：

$$\mu_1 = \frac{q(t_1) - q(t_2)}{q(t_1) - Q} \tag{3-2}$$

式中，Q 的取值为0.5。

3.2 闭环供应链网络多目标模型构建

基于图3-1构建的闭环供应链网络，考虑产品生产成本、市场需求、交货时间（延迟时间）、产品回收数量的不确定性，在考虑网络最小化总成本的基础上，同时将最大化环境绩效（最小碳排放）和顾客效益作为目标，构建集成制造量决策、运输方式选择决策以及各网络节点之间运输流量决策的多目标数学规划模型。本章构建的多目标闭环供应链网络模型分别为最小供应链网络成本 $Z1$、最小供应链网络碳排放 $Z2$ 和最小顾客满意度损失 $Z3$。

3.2.1　闭环供应链网络成本函数

基于图 3-1 所示的闭环供应链网络结构，供应链网络成本包括设施的固定成本和网络运营成本（各节点间的物料运输成本、制造成本、分销成本、回收翻新成本、废旧处理成本以及惩罚成本），以上各项成本具体表示如下：

（1）固定设施成本（FC_1），固定设施成本包括各节点设施开设的固定成本和租用运输方式的固定成本，其表达式为：

$$FC_1 = \sum_{i,j,k,n \in e} fc_e OF_e + \sum_{m \in M} fc_m OF_m \tag{3-3}$$

（2）物料运输成本（TC_2），物料运输成本取决于物料运输的单位成本、物料数量以及各节点之间的运输距离，其表达式为：

$$TC_2 = \sum_{m \in M} tc_m \Big(\sum_{i \in I} \sum_{j \in J} X_{imj} D_{ij} + \sum_{j \in J} \sum_{k \in K} Y_{jmk} D_{jd} + \sum_{k \in K} \sum_{l \in L} Z_{kml} D_{kl} + \sum_{l \in L} \sum_{n \in N} W_{lmn} D_{ln} + \sum_{l \in L} \sum_{i \in I} V_{lmi} D_{li} \Big) \tag{3-4}$$

（3）制造成本（MC_3），制造成本包括从原材料处获取零部件的制造成本和从回收/翻新中心获取零部件的制造成本，其表达式为：

$$MC_3 = \sum_{m \in M} \Big(\sum_{c \in C} \sum_{r \in R} X_{imj} - \sum_{l \in L} \sum_{i \in I} V_{lmi} \Big) \tilde{m}c1_i + \sum_{m \in M} \sum_{l \in L} \sum_{i \in I} V_{lmi} \tilde{m}c2_i \tag{3-5}$$

（4）分销成本（DC_4），即分销中心处理产品的成本，其表达式为：

$$DC_4 = \sum_{j \in J} \sum_{m \in M} \sum_{k \in K} Y_{jmk} dc_j \tag{3-6}$$

（5）回收翻新成本（RC_5），即回收中心对回收拆卸和翻新零部件所产生的成本，其表达式为：

$$RC_5 = \sum_{k \in K} \sum_{m \in M} \sum_{l \in L} Z_{kml} rc1_l + \sum_{l \in L} \sum_{m \in M} \sum_{i \in I} V_{lmi} rc2_l \tag{3-7}$$

（6）废旧处理成本（WC_6），即对不具再利用价值的回收零部件进行报废处理所产生的费用，其表达式为：

$$WC_6 = \sum_{l \in L} \sum_{m \in M} \sum_{n \in N} W_{lmn} D_{ln} wc_n \tag{3-8}$$

（7）惩罚成本（PC_7），惩罚成本包括供需不平衡和延迟交货的惩罚成本，其表达式为：

$$PC_7 = \sum_{m \in M} \sum_{j \in J} \sum_{k \in K} |Y_{jmk} - \tilde{D}_k| pc1_k + \sum_{t} \sum_{j \in J} \sum_{m \in M} \sum_{k \in K} \max\{0, (p(t) ld(t))\} Y_{jmk} pc2_k \tag{3-9}$$

综上所述，闭环供应链网络成本最小的目标函数可以表示为：

$$\min Z1 = FC_1 + TC_2 + MC_3 + DC_4 + RC_5 + WC_6 + PC_7 \tag{3-10}$$

3.2.2　闭环供应链网络碳排放函数

为积极响应节能环保的政策理念，提升企业绿色形象，企业在关注成本和经济效益的同时更应承担起环保责任。因此在构建模型时将环境效益最大化作为第二个目标函数，以闭环供应链网络的碳排放量作为环境效益的衡量指标，即网络碳排放量最小。供应链网络的碳排放来源包括固定设施开设、物料运输、产品制造、产品回收翻新、废旧产品处理等过程，以上各项活动产生的碳排放量具体表示如下：

（1）固定碳排放量（FCE_1），固定碳排放量主要是各节点设施构建过程产生的碳排放量，其表达式为：

$$FCE_1 = \sum_{i,j,k,n \in e} fce_e OF_e \tag{3-11}$$

（2）运输碳排放量（TCE_2），已知运输方式 m 的装载能力，因此运输过程的碳排放量取决于运输方式 m 的数量和运输距离，其表达式为：

$$TCE_2 = \left(\sum_{i \in I} \sum_{m \in M} \sum_{j \in J} \left\lceil \frac{X_{imj}}{cp_m} \right\rceil D_{ij} + \sum_{j \in J} \sum_{m \in M} \sum_{k \in K} \left\lceil \frac{Y_{jmk}}{cp_m} \right\rceil D_{jd} + \sum_{k \in K} \sum_{m \in M} \sum_{l \in L} \left\lceil \frac{Z_{kml}}{cp_m} \right\rceil D_{kl} + \sum_{l \in L} \sum_{m \in M} \sum_{n \in N} \left\lceil \frac{W_{lmn}}{cp_m} \right\rceil D_{ln} + \sum_{l \in L} \sum_{m \in M} \sum_{i \in I} \left\lceil \frac{V_{lmi}}{cp_m} \right\rceil D_{li} \right) ce_m \tag{3-12}$$

（3）生产碳排放量（MCE_3），即基于产品的工艺流程，采用某种工艺过程中产生的二氧化碳排放，其表达式为：

$$MCE_3 = \sum_{c \in C} \sum_{m \in M} \sum_{r \in R} X_{imj} mce_i \tag{3-13}$$

（4）回收/翻新碳排放量（RCE_4），回收/翻新产生的碳排放源于采用机械设备对产品进行拆卸和翻新所产生的二氧化碳排放，其表达式为：

$$RCE_4 = \sum_{m \in M} \sum_{k \in K} \sum_{l \in L} Z_{kml} rce1_l + \sum_{m \in M} \sum_{l \in L} \sum_{i \in I} V_{lmi} rce2_l \tag{3-14}$$

（5）废旧处理碳排放量（WCE_5），对不具有再利用价值的回收产品零部件进行报废处理过程中产生的二氧化碳，其表达式为：

$$WCE_5 = \sum_{l \in L} \sum_{m \in M} \sum_{n \in N} W_{lmn} D_{ln} wce_n \tag{3-15}$$

综上所述，闭环供应链网络碳排放最小的目标函数可以表示为：

$$\min Z2 = FCE_1 + TCE_2 + MCE_3 + RCE_4 + WCE_5 \tag{3-16}$$

3.2.3　闭环供应链网络顾客满意度损失函数

顾客满意度的大小决定了顾客购买产品（服务）的意愿，在进行网络建模时考虑顾客满意度因素有助于企业长期稳定的发展。决定顾客满意度的因素并不是单一的，产品质量、交货时间、需求满足率都会对顾客的购买欲望产生影响[11]，同时随着环境保护理念的加强，消费者更倾向于低碳消费模式（低碳偏好）。因此，本章从交货数量、时间、质量以及顾客的低碳偏好（运输方式的选择）考虑顾客满意度，以上各项指标的具体表达式如下：

（1）产品数量满足（DQ_1），即从分销中心运至各消费市场的数量是否满足市场的实际需求量，其表达式为：

$$DQ_1 = \left(\sum_{k \in K} \tilde{D}_k - \sum_{j \in J} \sum_{m \in M} \sum_{k \in K} Y_{jmk} \right)^+ \tag{3-17}$$

（2）产品质量损失（QL_2），产品寿命周期固定，消费市场的产品质量主要受到运输过程中质量损失系数的影响，其表达式为：

$$QL_2 = \left(\sum_{i \in I} \sum_{m \in M} \sum_{j \in J} Dij + \sum_{j \in J} \sum_{m \in M} \sum_{k \in K} D_{jk} \right) \sigma_m \tag{3-18}$$

（3）延迟交货（LD_3），即分销中心没有按照规定时间将产品运输至消费市场，其表达式为：

$$LD_3 = \sum_{j \in J} \sum_{m \in M} \sum_{l \in L} Y_{jml}(p(t)ld(t)) \tag{3-19}$$

（4）低碳偏好（CP_4），低碳偏好主要考虑运输过程中的碳排放量，其表达式为：

$$CP_4 = \left(\sum_{i \in I} \sum_{m \in M} \sum_{j \in J} \left\lceil \frac{X_{imj}}{cp_m} \right\rceil D_{ij} + \sum_{j \in J} \sum_{m \in M} \sum_{k \in K} \left\lceil \frac{Y_{jmk}}{cp_m} \right\rceil D_{jd} \right) ce_m \tag{3-20}$$

综上所述，闭环供应链网络顾客满意度损失最小的目标函数可以表示为：

$$\min Z3 = DQ_1 + QL_2 + LD_3 + CP_4 \tag{3-21}$$

3.2.4 多目标约束

闭环供应链网络多目标模型的约束如下所示：

（1）各分销中心运往市场的产品数量满足市场预测需求：

$$\sum_{m \in M} \sum_{j \in J} Y_{jmk} \geqslant D_{k\ (DBN)},\ \forall k \in K \tag{3-22}$$

（2）各设施点操作的产品数量不得超过其容量限制：

$$\sum_{j \in J} X_{imj} \leqslant cp_i OF_1 OF_m,\ \forall i \in I, m \in M \tag{3-23}$$

$$\sum_{k \in K} Y_{jmk} \leqslant cp_j OF_j OF_m,\ \forall j \in J, m \in M \tag{3-24}$$

$$\sum_{k \in K} Z_{kml} \leqslant cp_l OF_l OF_m,\ \forall l \in L, m \in M \tag{3-25}$$

$$\sum_{l \in L} W_{lmn} \leqslant cp_n OF_n OF_m,\ \forall n \in N, m \in M \tag{3-26}$$

（3）各节点设施间的流量平衡约束：

$$\sum_{m \in M} \sum_{i \in I} X_{imj} = \sum_{m \in M} \sum_{k \in K} Y_{jmk},\ \forall j \in J \tag{3-27}$$

$$\tilde{\tau}_k \sum_{m \in M} \sum_{j \in J} Y_{jmk} = \sum_{m \in M} \sum_{l \in L} Z_{kml},\ \forall k \in K \tag{3-28}$$

$$(1-\mu_1)\sum_{m\in M}\sum_{k\in K}Z_{kml}=\sum_{m\in M}\sum_{n\in N}W_{lmn},\ \forall l\in L \tag{3-29}$$

$$\mu_1\sum_{m\in M}\sum_{k\in K}Z_{kml}=\sum_{m\in M}\sum_{i\in i}V_{lmi},\ \forall l\in L \tag{3-30}$$

（4）变量逻辑约束：

$$X_{imj},Y_{jmk},Z_{kml},W_{lmn},V_{lmi},cp_i,cp_j,cp_l,cp_n,cp_m\geqslant 0,\ \forall i,j,k,l,n,m \tag{3-31}$$

$$OF_i,OF_j,OF_l,OF_n,OF_m\in\{0,1\},\ \forall i,j,k,l,n,m \tag{3-32}$$

在上述多目标函数和约束中涉及生产成本、市场需求、交货期以及产品回收率等不确定参数，因此下一阶段的主要任务是不确定参数的处理。基于本节构建闭环供应链网络设计模型，在3.3节中将运用鲁棒优化方法构建闭环供应链网络系统鲁棒优化模型。

3.3 基于多面体不确定集的鲁棒优化模型构建

3.3.1 不确定参数描述

鲁棒线性优化的关键在于采用不确定集合描述不确定参数，基于理论部分的知识，考虑到相比于盒式和椭球不确定集合描述方法，多面体不确定集能够覆盖更多有效数据，减少无效区域，压缩不确定性测度，提高模型求解精度和速度。因此，本书选用多面体不确定集对不确定需求、生产成本、交货时间和产品回收率进行描述。不确定参数可以进一步表示为：

不确定需求：
$$\tilde{D}_k=D_k+\hat{D}_k\xi_{D_k} \tag{3-33}$$

不确定生产成本：
$$\begin{cases}\tilde{mc}1_i=mc1_i+\hat{mc}1_i\xi_{mc1_i}\\ \tilde{mc}2_i=mc2_i+\hat{mc}2_i\xi_{mc2_i}\end{cases} \tag{3-34}$$

不确定产品回收率：
$$\tilde{\tau}_k=\tau_k+\hat{\tau}_k\xi_{\tau_k} \tag{3-35}$$

式中，D_k，$mc1_i$ 和 $mc2_i$，τ_k 分别表示需求、生产成本、产品回收率的名义值；$\hat{D}_k$，$\hat{mc}1_i$，$\hat{mc}2_i$，$\hat{\tau}_k$ 分别表示以上不确定参数的波动范围；ξ 表示以上不确定参数的随机扰动范围，其值位于［-1，1］。基于公式（3-33）~公式（3-35），带有不确定参数的多目标函数可以进一步描述为：

$$\min(Z1,Z2,Z3) \tag{3-36}$$

其中：

$$
\begin{aligned}
&FC_1 + TC_2 + DC_4 + RC_5 + WC_6 + \\
&\sum_{m \in M} \Big(\sum_{c \in C} \sum_{r \in R} X_{imj} - \sum_{l \in L} \sum_{i \in I} V_{lmi} \Big) mc1_i + \sum_{m \in M} \Big(\sum_{c \in C} \sum_{r \in R} X_{imj} - \sum_{l \in L} \sum_{i \in I} V_{lmi} \Big) \hat{mc}1_i \xi_{mc1_i} + \\
&\sum_{m \in M} \sum_{l \in L} \sum_{i \in I} V_{lmi} mc2_i + \sum_{m \in M} \sum_{l \in L} \sum_{i \in I} V_{lmi} \hat{mc}2_i \xi_{mc2_i} + \\
&\sum_{m \in M} \sum_{j \in J} \sum_{k \in K} | Y_{jmk} - D_k | pc1_k + \sum_{m \in M} \sum_{j \in J} \sum_{k \in K} \hat{D}_k \xi_{D_k} pc1_k + \\
&\sum_{t} \sum_{j \in J} \sum_{m \in M} \sum_{k \in K} \max\{0, (p(t) ld(t))\} Y_{jmk} pc2_k \leqslant Z1
\end{aligned} \tag{3-37}
$$

$$
FCE_1 + TCE_2 + MCE_3 + RCE_4 + WCE_5 \leqslant Z2 \tag{3-38}
$$

$$
\begin{aligned}
&QL_2 + CP_4 + \Big(\sum_{k \in K} D_k - \sum_{j \in J} \sum_{m \in M} \sum_{k \in K} Y_{jmk} \Big)^+ + \sum_{k \in K} \hat{D}_k \xi_{D_k} + \\
&\sum_{j \in J} \sum_{m \in M} \sum_{l \in L} Y_{jml} (p(t) ld(t)) \leqslant Z3
\end{aligned} \tag{3-39}
$$

带有不确定参数的约束可以进一步描述为：

$$
\tau_k \sum_{m \in M} \sum_{j \in J} Y_{jmk} + \hat{\tau}_k \xi_{\tau_k} \sum_{m \in M} \sum_{j \in J} Y_{jmk} \leqslant \sum_{m \in M} \sum_{l \in L} Z_{kml}, \forall k \in K \tag{3-40}
$$

3.3.2 多目标鲁棒线性优化模型

鲁棒优化、随机规划和模糊规划是处理不确定参数的常用方法，其中，随机规划是以客观概率为基础，即不确定性因素的概率分布函数；模糊规划则是基于主观概率，即不确定性因素的模糊隶属度函数。以上两种优化方法必须要有足够的实际数据为支撑，而鲁棒优化方法不依赖于随机变量的精确概率分布，使用不确定集来处理系统参数的随机性，即在不确定空间预先设定一个集合，并在给定的不确定集合中找出一个任意不确定参数均可行的最优解[12]。

考虑上述闭环供应链网络中需求量、生产成本和产品回收率的不确定性，提出一种具有约束保护水平的鲁棒优化方法，假定不确定参数在多面体不确定集内扰动，基于多面体不确定集描述不确定性生产成本、市场需求、交货期以及产品回收率，构建多目标鲁棒对应模型。多面体不确定集合的一般表达形式为：

$$
U_{\text{polyhedral}} = \{\xi \mid \| \xi \|_1 \leqslant \Gamma\} = \Big\{\xi \Big| \sum_{j \in J_i} |\xi_j| \leqslant \Gamma \Big\} \tag{3-41}
$$

基于前述理论基础，定义不确定需求量为 $\tilde{D}_k \in [D_k - \hat{D}_k,\ D_k + \hat{D}_k]$，不确定生产成本为 $\tilde{mc}1_i \in [mc1_i - \hat{mc}1_i,\ mc1_i + \hat{mc}1_i]$，$\tilde{mc}2_i \in [mc2_i - \hat{mc}2_i,\ mc2_i + \hat{mc}2_i]$，$\tilde{\tau}_k \in [\tau_k - \hat{\tau}_k,\ \tau_k + \hat{\tau}_k]$。

首先引入不确定生产成本的保护函数 $\beta_i(X^*,\ \Gamma 1_i)$ 和不确定需求量的保护函数$\beta_i(X^*, \Gamma 2_i)$，将带有不确定需求和生产成本的公式（3-37）进一步描述为：

$$\begin{aligned}&FC_1 + TC_2 + DC_4 + RC_5 + WC_6 + \\&\sum_{m\in M}\Big(\sum_{c\in C}\sum_{r\in R}X_{imj} - \sum_{l\in L}\sum_{i\in I}V_{lmi}\Big)mc1_i + \beta_i(X^*, \Gamma 1_i) + \\&\sum_{m\in M}\sum_{l\in L}\sum_{i\in I}V_{lmi}mc2_i + \beta_i(X^*, \Gamma 2_i) + \\&\sum_{m\in M}\sum_{j\in J}\sum_{k\in K}\left|Y_{jmk} - D_k\right|pc1_k + \beta_k(x^*, \Gamma_k) + \\&\sum_t\sum_{j\in J}\sum_{m\in M}\sum_{k\in K}\max\{0,(p(t)ld(t))\}Y_{jmk}pc2_k - Z1 \leqslant 0\end{aligned} \tag{3-42}$$

生产成本的保护函数和需求量的保护函数表达式分别如下所示：

$$\begin{aligned}&\beta_i(X^*, \Gamma 1_i) = \\&\max_{U=\{A1\cup\{t1\}A1\subseteq I,\ |S1|=\lfloor \Gamma 1_i\rfloor, t1\in I\backslash A1\}}\Big\{\sum_{m\in M}\Big(\sum_{c\in C}\sum_{r\in R}X_{imj} - \sum_{l\in L}\sum_{i\in I}V_{lmi}\Big)\hat{m}c1_i + \\&(\Gamma 1_i - \lfloor \Gamma 1_i\rfloor)\sum_{m\in M}\Big(\sum_{c\in C}\sum_{r\in R}X_{imj} - \sum_{l\in L}\sum_{i\in I}V_{lmi}\Big)\hat{m}c1_{it1}\Big\}\end{aligned} \tag{3-43}$$

$$\begin{aligned}\beta_i(X^*, \Gamma 2_i) = &\max_{U=\{A2\cup\{t2\}A2\subseteq I,\ |S1|=\lfloor \Gamma 2_i\rfloor, t2\in I\backslash A2\}}\Big\{\sum_{m\in M}\sum_{l\in L}\sum_{i\in I}V_{lmi}\hat{m}c2_i + \\&(\Gamma 1_i - \lfloor \Gamma 1_i\rfloor)\sum_{m\in M}\sum_{l\in L}\sum_{i\in I}V_{lmi}\hat{m}c2_{it2}\Big\}\end{aligned} \tag{3-44}$$

$$\begin{aligned}\beta_k(X^*, \Gamma_k) = &\max_{U=\{A3\cup\{t3\}A3\subseteq K,\ |S2|=\lfloor \Gamma_{ki}\rfloor, t3\in K\backslash A3\}}\Big\{\sum_{m\in M}\sum_{j\in J}\sum_{k\in K}\hat{D}_k\xi_{D_k}pc1_k + \\&(\Gamma_k - \lfloor \Gamma_k\rfloor)\sum_{m\in M}\sum_{j\in J}\sum_{k\in K}\hat{D}_{kt3}\xi_{D_k}pc1_k\Big\}\end{aligned} \tag{3-45}$$

其中，$\Gamma 1_i$，$\Gamma 2_i$，Γ_k分别为不确定生产成本和不确定市场需求的鲁棒控制系数，其取值范围分别为［0，$S1$］，［0，$S2$］；$S1$ 为备选制造中心数量；$S2$ 为市场数量；U 表示不确定集；$A1$ 为生产成本（$mc1_i$）偏离名义值的备选制造中心集合；$A2$ 为生产成本（$mc2_i$）偏离名义值的备选制造中心集合；$A3$ 为需求偏离名义值的市场集合。

引入辅助变量σ_i将公式（3-43）~公式（3-45）转化为公式（3-46）~公式（3-48），使其变为线性问题：

$$\begin{aligned}\beta_i(X^*, \Gamma 1_i) = &\max_{U=\{A1\cup\{t1\}A1\subseteq I,\ |S1|=\lfloor \Gamma 1_i\rfloor, t1\in I\backslash A1\}}\\&\Big\{\sum_{m\in M}\Big(\sum_{c\in C}\sum_{r\in R}X_{imj} - \sum_{l\in L}\sum_{i\in I}V_{lmi}\Big)\hat{m}c1_i\sigma 1_i\Big\}, \sigma 1_i \in [0,1] \leqslant \Gamma 1_i\end{aligned} \tag{3-46}$$

$$\beta_i(X^*,\Gamma2_i)=\max_{U=\{A2\cup\{t2\}A2\subseteq I,\ |S1|=\lfloor\Gamma2_i\rfloor,t2\in I\backslash A2\}}\left\{\sum_{m\in M}\sum_{l\in L}\sum_{i\in I}V_{lmi}\hat{m}c2_i\sigma2_i\right\},\sigma2_i\in[0,1]\leqslant\Gamma2_i \tag{3-47}$$

$$\beta_k(X^*,\Gamma_k)=\max_{U=\{A3\cup\{t3\}A3\subseteq K,\ |S2|=\lfloor\Gamma_{ki}\rfloor,t3\in K\backslash A3\}}\left\{\sum_{m\in M}\sum_{j\in J}\sum_{k\in K}\hat{D}_k\xi_{D_k}pc1_k\sigma_k\right\},\sigma_k\in[0,1]\leqslant\Gamma_k \tag{3-48}$$

公式（3-46）~公式（3-48）均存在两种极端取值情况，以公式（3-46）为例。

情况 1：不存在偏离名义值的参数（$\Gamma1_i=0$），即所有不确定参数的取值均为名义值，此时$\sigma1_i=0$，即β_i（X^*，$\Gamma1_i$）$=0$，此时公式（3-42）为确定模型。

情况 2：所有的不确定参数都偏离名义值（$\Gamma1_i=S1$），此时 $\sigma1_i=1$，即 $\beta_i(X^*，\Gamma1_i)=\sum_{m\in M}\left(\sum_{c\in C}\sum_{r\in R}X_{imj}-\sum_{l\in L}\sum_{i\in I}V_{lmi}\right)\hat{m}c1_i$，此时公式（3-42）转化为：

$$\begin{aligned}&FC_1+TC_2+DC_4+RC_5+WC_6+\\&\sum_{m\in M}\left(\sum_{c\in C}\sum_{r\in R}X_{imj}-\sum_{l\in L}\sum_{i\in I}V_{lmi}\right)mc1_i+\sum_{m\in M}\left(\sum_{c\in C}\sum_{r\in R}X_{imj}-\sum_{l\in L}\sum_{i\in I}V_{lmi}\right)\hat{m}c1_i+\\&\sum_{m\in M}\sum_{l\in L}\sum_{i\in I}V_{lmi}mc2_i+\sum_{m\in M}\sum_{l\in L}\sum_{i\in I}V_{lmi}m\hat{c}2_i+\\&\sum_{m\in M}\sum_{j\in J}\sum_{k\in K}|Y_{jmk}-D_k|pc1_k+\sum_{m\in M}\sum_{j\in J}\sum_{k\in K}\hat{D}_k\xi_{D_k}pc1_k+\\&\sum_{t}\sum_{j\in J}\sum_{m\in M}\sum_{k\in K}\max\{0,(p(t)ld(t))\}Y_{jmk}pc2_k-Z1\leqslant0\end{aligned} \tag{3-49}$$

此时模型绝对鲁棒，所得鲁棒解是最坏情形下最保守的结果。

基于对偶理论，可知公式（3-46）~公式（3-48）的对偶问题公式为：

$$\left\{\min z1_i\Gamma1_i+\sum_{i\in I}\gamma1_i\left|\begin{array}{l}\text{s. t. }z1_i+\gamma1_i\geqslant\sum_{m\in M}\left(\sum_{c\in C}\sum_{r\in R}X_{imj}-\sum_{l\in L}\sum_{i\in I}V_{lmi}\right)\hat{m}c1_i\\z1_i\geqslant0,\gamma1_i\geqslant0,\forall i\end{array}\right.\right\} \tag{3-50}$$

$$\left\{\min z2_i\Gamma2_i+\sum_{i\in I}\gamma2_i\left|\begin{array}{l}\text{s. t. }z2_i+\gamma2_i\geqslant\sum_{m\in M}\sum_{l\in L}\sum_{i\in I}V_{lmi}m\hat{c}2_i\\z2_i\geqslant0,\gamma2_i\geqslant0,\forall i\end{array}\right.\right\} \tag{3-51}$$

$$\left\{\min z_k\Gamma_k+\sum_{k\in K}\gamma_k\left|\begin{array}{l}\text{s. t. }z_k+\gamma_k\geqslant\sum_{m\in M}\sum_{j\in J}\sum_{k\in K}\hat{D}_k\xi_{D_k}pc1_k\\z_k\geqslant0,\gamma_k\geqslant0,\forall k\end{array}\right.\right\} \tag{3-52}$$

式中，z，γ 为对偶变量，基于公式（3-50）~公式（3-52）可知公式（3-37）的鲁棒对应式为：

$$\begin{aligned}&FC_1+TC_2+DC_4+RC_5+WC_6+\\&\sum_{m\in M}\Big(\sum_{c\in C}\sum_{r\in R}X_{imj}-\sum_{l\in L}\sum_{i\in I}V_{lmi}\Big)mc1_i+z1_i\Gamma 1_i+\sum_{i\in I}\gamma 1_i+\\&\sum_{m\in M}\sum_{l\in L}\sum_{i\in I}V_{lmi}mc2_i+z2_i\Gamma 2_i+\sum_{i\in I}\gamma 2_i+\\&\sum_{m\in M}\sum_{j\in J}\sum_{k\in K}|Y_{jmk}-D_k|pc1_k+z_k\Gamma_k+\sum_{k\in K}\gamma_k+\\&\sum_{t}\sum_{j\in J}\sum_{m\in M}\sum_{k\in K}\max\{0,(p(t)ld(t))\}Y_{jmk}pc2_k\leqslant Z1\end{aligned}\tag{3-53}$$

s. t.

$$z1_i+\gamma 1_i\geqslant\sum_{m\in M}\Big(\sum_{c\in C}\sum_{r\in R}X_{imj}-\sum_{l\in L}\sum_{i\in I}V_{lmi}\Big)\hat{m}c1_i,z1_i\geqslant 0,\gamma 1_i\geqslant 0,\forall i\tag{3-54}$$

$$z2_i+\gamma 2_i\geqslant\sum_{m\in M}\sum_{l\in L}\sum_{i\in I}V_{lmi}m\hat{c}2_i,z2_i\geqslant 0,\gamma 2_i\geqslant 0,\forall i\tag{3-55}$$

$$z_k+\gamma_k\geqslant\sum_{m\in M}\sum_{j\in J}\sum_{k\in K}\hat{D}_k\xi_{D_k}pc1_k,z_k\geqslant 0,\gamma_k\geqslant 0,\forall k\tag{3-56}$$

按照公式（3-37）的处理过程，得到含有不确定需求的公式（3-39）的鲁棒对应式为：

$$\begin{aligned}QL_2+CP_4+\Big(\sum_{k\in K}D_k-\sum_{j\in J}\sum_{m\in M}\sum_{k\in K}Y_{jmk}\Big)^{+}+z_k\Gamma_k+\sum_{k\in K}\gamma_k+\\\sum_{j\in J}\sum_{m\in M}\sum_{L\in L}Y_{jml}(p(t)ld(t))\leqslant Z3\end{aligned}\tag{3-57}$$

s. t.

$$z_k+\gamma_k\geqslant\sum_{k\in K}\hat{D}_k,z_k\geqslant 0,\gamma_k\geqslant 0,\forall k\tag{3-58}$$

同理，得到含有不确定回收率的公式（3-40）的鲁棒对应式为：

$$\tau_k\sum_{m\in M}\sum_{j\in J}Y_{jmk}+z_k\Gamma_k+\sum_{k\in K}\gamma_k\leqslant\sum_{m\in M}\sum_{l\in L}Z_{kml},\forall k\in K\tag{3-59}$$

$$z_k+\gamma_k\geqslant\hat{\tau}_k\xi_{\tau_k}\sum_{m\in M}\sum_{j\in J}Y_{jmk},z_k\geqslant 0,\gamma_k\geqslant 0,\forall k\tag{3-60}$$

综上，考虑不确定生产成本、不确定需求和不确定回收率的闭环供应链网络多目标模型的鲁棒对应模型为：

$$\min(Z1,Z2,Z3)\tag{3-61}$$

s. t.

$$FC_1 + TC_2 + DC_4 + RC_5 + WC_6 + \sum_{m \in M}\Big(\sum_{c \in C}\sum_{r \in R} X_{imj} - \sum_{l \in L}\sum_{i \in I} V_{lmi}\Big) mc1_i + z1_i\Gamma 1_i +$$
$$\sum_{i \in I}\gamma 1_i + \sum_{m \in M}\sum_{l \in L}\sum_{i \in I} V_{lmi} mc2_i + z2_i\Gamma 2_i + \sum_{i \in I}\gamma 2_i + \sum_{m \in M}\sum_{j \in J}\sum_{k \in K} |Y_{jmk} - D_k| pc1_k + z_k\Gamma_k +$$
$$\sum_{k \in K}\gamma_k + \sum_{t}\sum_{j \in J}\sum_{m \in M}\sum_{k \in K}\max\{0,(p(t)ld(t))\} Y_{jmk} pc2_k \leqslant Z1 \tag{3-62}$$

$$FCE_1 + TCE_2 + MCE_3 + RCE_4 + WCE_5 \leqslant Z2 \tag{3-63}$$

$$QL_2 + CP_4 + \Big(\sum_{k \in K} D_k - \sum_{j \in J}\sum_{m \in M}\sum_{k \in K} Y_{jmk}\Big)^+ + z_k\Gamma_k + \sum_{k \in K}\gamma_k +$$
$$\sum_{j \in J}\sum_{m \in M}\sum_{L \in L} Y_{jml}(p(t)ld(t)) \leqslant Z3 \tag{3-64}$$

$$z1_i + \gamma 1_i \geqslant \sum_{m \in M}\Big(\sum_{c \in C}\sum_{r \in R} X_{imj} - \sum_{l \in L}\sum_{i \in I} V_{lmi}\Big)\hat{m}c1_i, z1_i \geqslant 0, \gamma 1_i \geqslant 0, \forall i \tag{3-65}$$

$$z2_i + \gamma 2_i \geqslant \sum_{m \in M}\sum_{l \in L}\sum_{i \in I} V_{lmi} m\hat{c}2_i, z2_i \geqslant 0, \gamma 2_i \geqslant 0, \forall i \tag{3-66}$$

$$z_k + \gamma_k \geqslant \sum_{m \in M}\sum_{j \in J}\sum_{k \in K}\hat{D}_k \xi_{D_k} pc1_k, z_k \geqslant 0, \gamma_k \geqslant 0, \forall k \tag{3-67}$$

$$z_k + \gamma_k \geqslant \sum_{k \in K}\hat{D}_k, z_k \geqslant 0, \gamma_k \geqslant 0, \forall k \tag{3-68}$$

$$\tau_k \sum_{m \in M}\sum_{j \in J} Y_{jmk} + z_k\Gamma_k + \sum_{k \in K}\gamma_k \leqslant \sum_{m \in M}\sum_{l \in L} Z_{kml}, \forall k \in K \tag{3-69}$$

$$z_k + \gamma_k \geqslant \hat{\tau}_k \xi_{\tau_k} \sum_{m \in M}\sum_{j \in J} Y_{jmk}, z_k \geqslant 0, \gamma_k \geqslant 0, \forall k \tag{3-70}$$

4 基于深度信念网络的市场需求预测

深度学习是一种基于人工神经网络的多隐层机器学习结构，通过模拟人脑视觉系统处理视觉信息的方式，实现特征信息的提取[13]。目前较为典型的深度学习的算法包括：卷积神经网络（Convolutional Neural Network，CNN），深度信念网络（Deep Belief Networks，DBN），受限玻耳兹曼机（Restricted Boltzmann Machine，RBM）和堆栈式自动编码器（Stacked Auto-encoders，SAE）。其中，DBN 模型是一种研究广泛且具有巨大研究空间的深度学习模型，其模型是由层层堆叠的 RBM 组成，顶层由分类器或者浅层神经网络（BP 神经网络）构成[14]。DBN 采用无监督逐层训练算法，实现数据特征信息的有效表达，具有强大的非线性数据拟合能力。该方法目前已被广泛应用于故障诊断[15,16]、图像识别[17]和数量预测[18~20]等方面，并取得显著效果。因此本章将该方法运用于闭环供应链网络市场需求预测，以增强网络抵御不确定需求干扰的能力，同时为生产和配送提供决策依据。

4.1 DBN 介绍

DBN 是一种概率生成模型，RBM 是其核心组成单元，低层的 RBM 通过贪婪方式提取低级特征，而较高层则用于表示样本数据的更多抽象特征。

4.1.1 RBM 介绍

RBM 是玻耳兹曼机的一种延伸结构，由 Smolensky 等学者于 1956 年提出[21]。该结构与玻耳兹曼机的区别在于各神经元之间的连接方式。RBM 由显层神经元和隐层神经元构成，显层和隐层之间采用双向等权的方式连接，同层之间相互独立，这种连接方式降低了网络的复杂度，提高了模型的实用性。RBM 的网络结构如图 4-1 所示。

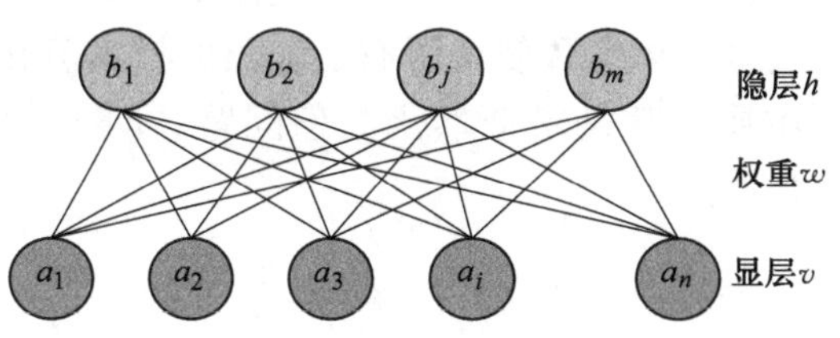

图 4-1 RBM 网络结构

RBM 网络所有神经元只存在“0（未激活）”和“1（激活）”两种状态。n 和 m 分别为显层和隐层的神经元个数，v 和 h 分别为模型输入层和输出层神经元状态，连接权重为 w_{ij}，a_i 和 b_j 分别表示显层和隐层的偏置阈值。在给定偏置和权重的情况下，就可以建立一个输入变量和输出变量的映射关系模型，其中，显层作为模型的输入主要用于同外部信息的交换，隐层作为模型的输出用于特征信息的提取。RBM 的概率分布可以通过能量函数来实现，在给定状态（v，h）下的能量函数定义为：

$$E_\theta(v,h) = -\sum_{i=1}^{n} a_i v_i - \sum_{j=1}^{n} b_j h_j - \sum_{i=1}^{n}\sum_{j=1}^{m} v_i w_{ij} h_j \tag{4-1}$$

对公式（4-1）进行可视化和正则化，可得 RBM 的联合概率分布如公式（4-2）所示：

$$P(v,h;\theta) = \frac{1}{z(\theta)}\exp(-E_\theta(v,h)) \tag{4-2}$$

式中，$z(\theta)$ 为归一化因子，其值为：

$$z(\theta) = \sum\nolimits_{v,h} \exp(-E_\theta(v,h)) \tag{4-3}$$

式中，$\theta = \{h_m,\ v_n,\ w_{ij},\ a_i,\ b_j\}$ 为网络参数。当显层向量 v 给定时隐元 j 被激活的概率为：

$$P(h_j = 1 \mid v) = R(\sum_{i=1}^{n} w_{ij} v_i + b_j) \tag{4-4}$$

同理，显元 i 被激活的概率为：

$$P(v_i = 1 \mid h) = R(\sum_{j=1}^{m} w_{ij} h_i + a_i) \tag{4-5}$$

式中，R 表示 Relu 激活函数，用于激活神经元。其拥有比 Tanh 激活函数和 Sigmoid 激活函数更好的特征学习能力。

训练 RBM 的目的是通过不断的学习，得到最优的网络参数 $\theta = \{w_{ij},\ a_i,\ b_j\}$ 使得样本训练误差最小，在样本训练过程中，利用最大似然估计对网络参数 θ 进行调优，其目的就是通过优化参数使得所有的输出的样本值在某种分布概率下最接近样本的实际值，本质上就是求似然函数值问题，RBM 模型基于公式（4-6）获得最优的拟合训练数据。

$$\theta^* = \text{argmax}L(\theta) = \text{argmax}\sum_{t=1}^{T} \lg(v^{(t)\mid\theta}) \tag{4-6}$$

参数更新方式如公式（4-7）所示：

$$\theta^{t+1} = \theta^t + \varepsilon \frac{\partial \ln L(\theta)}{\partial \theta} \tag{4-7}$$

式中，ε 为学习率；t 为迭代次数。RBM 模型利用随机梯度上升法对参数的偏导数进行求解，偏导数推导过程如下：

$$\begin{aligned}
L(\theta) &= \sum_{t=1}^{T} \lg(P(v^{(t)}) \mid \theta) = \sum_{t=1}^{T} \lg(P(v^{(t)}, h) \mid \theta) \\
&= \sum_{t=1}^{T} \lg \frac{\sum_h \exp(-E(v^t, h \mid \theta))}{\sum_v \sum_v \exp(-E(v, h \mid \theta))} \\
&= \sum_t^T (\lg(\sum_h \exp(-E(v^{(t)}, h \mid \theta))) - \lg(\sum_v \sum_h \exp(-E(v, h \mid \theta))))
\end{aligned} \tag{4-8}$$

则参数的偏导数推导过程如下：

$$\begin{aligned}
\frac{\partial L}{\partial \theta} &= \sum_{t=1}^{T} \frac{\partial}{\partial \theta}(\lg(\sum_h \exp(-E(v^{(t)}, h \mid \theta))) - \lg(\sum_v \sum_h \exp(-E(v, h \mid \theta)))) \\
&= \sum_{t=1}^{T} \left(\sum_h \frac{\exp(-E(v^{(t)}, h \mid \theta))}{\sum_h \exp(-E(v^{(t)}, h \mid \theta))} * \frac{\partial(-E(v^{(t)}, h \mid \theta))}{\partial \theta} \right) - \\
&\quad \sum_v \sum_h \frac{\exp(-E(v, h \mid \theta))}{\sum_v \sum_h \exp(-E(v, h \mid \theta))} * \frac{\partial(-E(v, h \mid \theta))}{\partial \theta} \\
&= \sum_t^T \left(< \frac{\partial(-E(v^{(t)}, h \mid \theta))}{\partial \theta} >_{P(h \mid v^{(t)}, \theta)} - < \frac{\partial(-E(v, h \mid \theta))}{\partial \theta} >_{P(v, h \mid \theta)} \right)
\end{aligned} \tag{4-9}$$

公式（4-9）中，$< >_P$表示指 P 分布的期望值。基于公式内容可知，式中第一部分求解过程较为简单，第二部分的求解过程较为复杂，在现有研究成果中，学者们一般是通过采样方法（吉布斯采样）来近似求解第二部分的数值。

在 RBM 的实际训练中，通过对显层神经元和隐层神经元的重构分布，近似的得到参数的偏导数，具体如下：

$$\frac{\partial \lg(P(v \mid \theta))}{\partial w_{ij}} = < v_i h_j > - < v_i' h_j' > \tag{4-10}$$

$$\frac{\partial \lg(P(v \mid \theta))}{\partial a_i} = < v_i > - < v_i' > \tag{4-11}$$

$$\frac{\partial \lg(P(v \mid \theta))}{\partial b_j} = < h_j > - < h_j' > \tag{4-12}$$

式中，< >表示实际数据分布；< ′ >表示重构数据分布。

4.1.2 共轭梯度算法

吉布斯采样是以蒙特卡洛-马尔科夫链的采样方法为基础，其基本理论与Metropolis算法相似。假设现有样本的维度为N，给出样本的数学表达形式$X=(x_1, x_2, \cdots, x_n)$，假设样本的整体分布情况$P(x)$未知，但已知除了$x_i$的其他变量信息，因此，可以求得样本$x_i$的条件分布概率，即$P(x_i/x_{i-})$（$x_{i-}$表示样本整体中除去变量$x_i$）。此外，对于$x$的任意一个状态，将其设为$[x_1^{(0)}, x_2^{(0)}, \cdots, x_n^{(0)}]$，基于条件概率分布公式，对剩余变量进行采样，采用次数随迭代次数增加，第t次采样后，样本的状态$[x_1^{(t)}, x_2^{(t)}, \cdots, x_n^{(t)}]$的分布将会以$t$的几何速度快速收敛于整体分布。

具体采样过程如下：

$$v_1 \sim P(v) \tag{4-13}$$

$$h_1 \sim P(h|v_1) \tag{4-14}$$

$$v_2 \sim P(v|h_1) \tag{4-15}$$

$$h_2 \sim P(h|v_2) \tag{4-16}$$

$$\vdots$$

$$v_{t+1} \sim P(v|h_t) \tag{4-17}$$

RBM中给定显层神经元的状态，可以重构出隐层神经元的状态：

$$h = \text{sample\_ h\_ given \_ } v\ (v, \text{RBM}) \tag{4-18}$$

RBM中给定隐层神经元的状态，可以重构出显层神经元的状态：

$$v = \text{sample\_ v\_ given\_ } h(h, \text{RBM}) \tag{4-19}$$

4.1.3 DBN学习过程

利用比散度算法（Contrastive Divergence Algorithm，CD）可以近似求出RBM模型中的配分函数，该算法也是目前训练RBM的常用算法，基于该算法步骤如下：

在容量为N的样本集D中，任取一个样本V，将其初始状态记为$V^{(1)}$，然后对其进行T次的采样，其中（$t=1, 2, \cdots, T$），其中第T次运算过程为：首先调用公式（4-18），采样得到$h^{(t+1)}$，然后调用公式（4-19），获得v^t，最后利用吉布斯采样，近似得出公式（4-10）~公式（4-12）的等价转化公式如公式（4-20）~公式（4-22）。

$$\frac{\partial \lg(P(v|\theta))}{\partial w_{ij}} \approx P(h_i = 1|v^{(0)})\, v_j^{(0)} - P(h_i = 1|v^{(t)})\, v_j^{(t)} \tag{4-20}$$

$$\frac{\partial \lg(P(v|\theta))}{\partial a_i} \approx v_i^{(0)} - v_i^{(t)} \tag{4-21}$$

$$\frac{\partial \lg(P(v|\theta))}{\partial b} \approx P(h_i = 1|v^{(t)}) - P(h_i = 1|v^{(t)}) \tag{4-22}$$

CD算法的具体流程如下所示：

设定参数 T，样本集 D，RBM模型的初始网络参数 $\theta = \{h_m, v_n, w_{ij}, a_i, b_j\}$；

得到输出变量：Δw，Δa，Δb；

（1）初始化：令所有输出变量为零；

（2）导入训练样本集 D，计算输出变量。

对于所有的 $v \in D$ 执行：$v^{(0)}:=v$

迭代执行方式如下：

$h^{(t)}$= sample_h_given_v（$v^{(t)}$，RBM（w，a，b））

$v^{(t+1)}$= sample_v_given_h（$h^{(t)}$RBM（w，a，b））

参数进行更新方式为：

$\Delta w_{ij} = \Delta w_{ij} + (P(h_i = 1|v^{(0)}) * v_j^{(0)} - P(h_i = 1|v^{(t)})v_j^{(t)})$

$\Delta a_i = \Delta a_i + (v_i^{(0)} - v_i^{(t)})$

$\Delta b_j = \Delta b_j + (P(h_i = 1|v^{(0)}) - P(h_i = 1|v^{(t)}))$

RBM算法的具体执行流程如下所示：

步骤1：导入训练样本（data）$X=$（x_1，x_2，…，x_n）（容量为 N）；

步骤2：初始化网络连接权重 w、显层神经元偏执 a、隐层神经元偏执 b，导入数据样本、设置网络学习率和隐层层数，设定训练最大次数为 T；

步骤3：采用公式（4-4）计算所有隐层神经元的激活概率，并对 h_j 进行采样；

步骤4：采用公式（4-5）计算所有显层神经元的激活概率，并对 v_i 进行采样。

确定方法：在（0，1）区间以等概率方式自动生成一个rand随机数，如果神经元状态开启概率值小于rand，则该神经元关闭，否则开启。

步骤5：分别计算得出 $<v_i h_j>$ 和 $<v_i' h_j'>$，参数更新的方式如下所示：

$w_{ij}^{(k+1)} = w_{ij}^{(k)} + \Delta w_{ij}$，$\Delta w_{ij} = \eta * (<v_i h_j> - <v_i' h_j'>)$

$a_i(k+1) = a_i^{(k)} + \Delta a_i$，$\Delta a_i = \eta * (<v_i> - <v_i'>)$

$b_j(k+1) = b_k^{(k)} + \Delta b_j$，$\Delta b_j = \eta * (<h_j> - <h_j'>)$

步骤6：转至步骤2，直至网络实现稳定，获得最小的网络误差，此时模型训练完成。

4.1.4　共轭梯度算法

相对于浅层神经网络，多隐层的 DBN 学习模型能实现更充分有效的特征学习，但其缺点在于网络训练时间随着网络层数的增加而明显变长。为克服以上问题，提高模型的收敛速度，本书采用共轭梯度算法（Conjugate Gradient，CG）对网络参数进行优化，以加速网络快速寻得最优权重和偏置的能力。该优化算法是求解非线性优化问题的主流算法之一，其具有稳定性高、所需存储容量小等优势[22]。

共轭梯度算法主要应用于 DBN 训练的误差微调阶段，通过多次迭代训练，调整预测模型的权重矩阵，直至获得最优权重矩阵，使得均方误差（Mean-Square Error，MSE）达到最小化，均方误差的定义为：

$$\mathrm{MSE} = E(e^T e) = E((f_d - f)^T (f_d - f)) \tag{4-23}$$

式中，f_d为模型输出值，即预测值；f 为实际值。导入训练数据对 DBN 模型进行训练时，根据公式（4-24）对模型权重进行调整，直至网络误差最小。

$$w_{k+1} = w_k + \alpha_k d_k \tag{4-24}$$

式中，d_k表示第 k 次搜索的方向；α_k表示搜索步长。

引入共轭梯度法对模型参数进行优化时，根据公式（4-25）计算搜索方向的初始值。

$$d_0 = -\nabla \mathrm{MSE}(w_0) = -g_0 \tag{4-25}$$

搜索更新公式为：

$$d_{k+1} = -g_{k+1} + \frac{\| g_{k+1} \|^2}{\| g_k \|^2} d_k \tag{4-26}$$

4.1.5　DBN 学习过程

DBN 算法原理和网络结构如图 4-2 所示。DBN 由一个输入层、一个输出层以及多个隐层构成，该模型可以看成连续受限玻耳兹曼机，上一个受限玻耳兹曼机的输出作为下一个受限玻耳兹曼机的输出，通过对特征向量信息的层层提取，能最大化地保留有效特征信息。DBN 进行网络训练时，采用贪婪逐层方算法：

（1）通过无监督预训练，从下往上逐个训练 RBM 获得模型的权重值，并将其保留；

（2）网络微调阶段，基于共轭梯度算法和训练得到的样本标签值对网络参数进行调整，主要采用 BP 算法自上而下有监督地对网络进行微调。

这一步的权重不是随机的初始化，而是基于训练得到的权，因此在这一步通过较少的迭代次数就可以得到良好的训练效果。

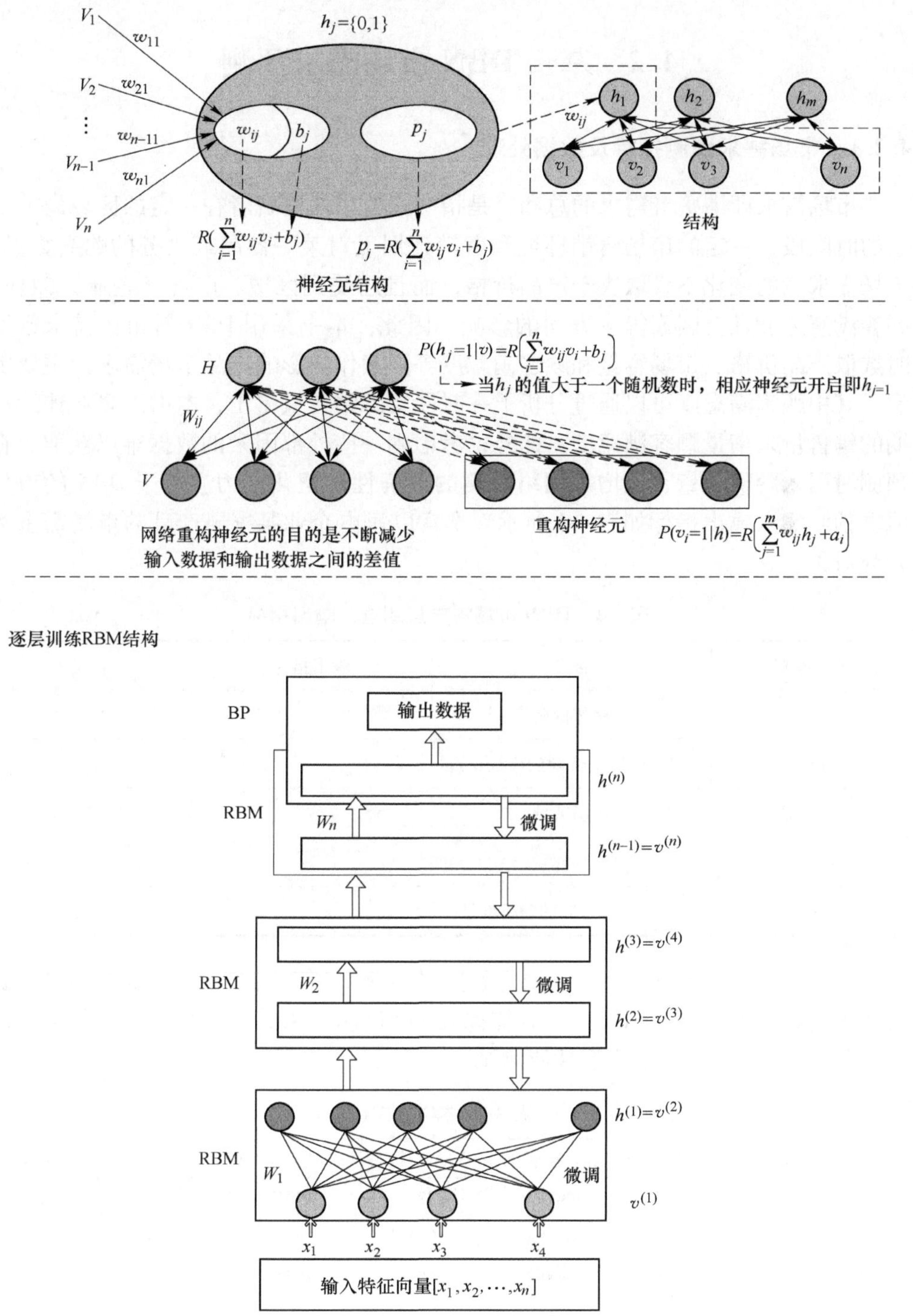

图 4-2 DBN 算法原理和网络结构图

4.2　基于 DBN 市场需求预测

4.2.1　市场需求预测指标及数据处理

市场需求即消费者需求的总和，是指一定数量的消费者在一定的区域内、一定的时间段、一定的市场营销环境和营销计划下对某一商品或服务的购买数量。市场需求量的变化不仅取决于产品价格，而且还受到区域、广告（企业）效应、顾客满意度和社会因素等多方面的影响。因此，本书采用 DBN 对市场需求预测时选取产品价格、市场容量和顾客满意度等因素作为影响产品市场需求的主要因素。其中顾客满意度可以通过分析上一时段实际销售量得出，本书以企业连续三期的销售量来衡量顾客满意度。此外，考虑到一些外部因素的数据难以获取，在预测时引入随机变量，以增加网络预测的准确性和泛化能力。基于 DBN 的市场需求预测输入输出指标如表 4-1 所示。本章以家电企业某家电产品的市场需求为研究对象。

表 4-1　DBN 市场需求预测输入输出指标

输入指标	含义	输出指标	含义
x_1	销售价格		
$x_2 \sim x_4$	$t-1$，$t-2$，$t-3$ 期的市场销量		
x_5	市场区域	y	市场需求量
x_6	市场容量		
x_7	［-1，1］之间的随机变量		

表 4-1 中获取企业各个市场销售数据（共 7 个消费区域），以 10 天为单位进行数据统计，共计 504 组样本，具体如表 4-2 所示。将其中 94%的样本作为训练集，剩余 6%的样本用于模型性能测试。

表 4-2　样本数据

区域	时段	产品价格/元	市场容量/件	$t-3$ 期需求/件	$t-2$ 期需求/件	$t-1$ 期需求/件	实际需求/件
1 号	1	598	280000	2726	1901	2651	2453
	2	598	280000	1901	2651	2453	2754
	3	548	280000	2651	2453	2754	1865
	⋮	⋮	⋮	⋮	⋮	⋮	⋮
	72	427	280000	1776	3098	2302	2855

续表 4-2

区域	时段	产品价格/元	市场容量/件	$t-3$ 期需求/件	$t-2$ 期需求/件	$t-1$ 期需求/件	实际需求/件
2 号	1	583	235000	2618	1873	2542	2604
	2	598	235000	1873	2542	2604	1736
	3	598	235000	2542	2604	1736	1708
	⋮	⋮	⋮	⋮	⋮	⋮	⋮
	72	455	234000	2853	2643	1849	2354
3 号	1	586	240000	2643	1849	2354	1658
	2	598	240000	1849	2354	1658	2543
	3	598	240000	2354	1658	2543	2573
	⋮	⋮	⋮	⋮	⋮	⋮	⋮
	72	427	240000	2715	2564	2667	2978
4 号	1	562	220000	2438	1909	2587	2622
	2	562	220000	1909	2587	2622	2987
	3	586	220000	2587	2622	2987	2543
	⋮	⋮	⋮	⋮	⋮	⋮	⋮
	72	425	220000	2886	1721	2144	2698
5 号	1	529	190000	2575	1863	2653	2693
	2	529	190000	1863	2653	2693	1953
	3	529	190000	2653	2693	1953	1952
	⋮	⋮	⋮	⋮	⋮	⋮	⋮
	72	457	180000	2521	2798	2687	2579
6 号	1	582	228000	2532	2178	2221	1942
	2	598	228000	2178	2221	1942	1725
	3	632	228000	2221	1942	1725	2007
	⋮	⋮	⋮	⋮	⋮	⋮	⋮
	72	482	228000	2693	2344	2534	2508
7 号	1	583	240000	2410	2765	2283	2643
	2	532	240000	2765	2283	2643	2655
	3	583	240000	2283	2643	2655	2377
	⋮	⋮	⋮	⋮	⋮	⋮	⋮
	72	457	240000	2615	1953	2265	2398

考虑到各输入指标数据的单位纲度衡量标准各不相同，且数量级上也存在一定的差距。为加强数据处理过程中的高效性和编码过程中数据处理的灵活性，对

原始数据进行归一化处理就显得十分必要。因此，将数据导入预测模型之前需对样本进行归一化处理，使数据范围处于［0，1］之间，数据归一化处理公式如下：

$$X = \frac{x - x_{\min}}{x_{\max} - x_{\min}} \tag{4-27}$$

式中，x 是待归一化的数据集合；X 是采用归一化处理后的数据集合；$x_{\min}$和 $x_{\max}$分别为影响因子的极小值和极大值。

4.2.2　DBN 预测模型关键参数设定

DBN 在进行训练时需要设置的参数包括：隐层层数、隐层节点数、迭代次数、初始权重 w、偏置 a、b、学习率。

（1）初始化参数：w、a、b。连接权重 w，偏置 a、b 均可初始化为零，也可采用极小值随机初始化，还可根据如下经验公式（4-28）进行初始化。

$$\begin{cases} w = 0.1 \times \mathrm{rand}n(n, m) \\ a = 0.1 \times \mathrm{rand}n(1, n) \\ b = 0.1 \times \mathrm{rand}n(1, m) \end{cases} \tag{4-28}$$

式中，rand$n$（n，m）为 n 行 m 列的标准正态分布的随机数或分布矩阵。本书采用经验公式对权重和偏置进行初始化。

（2）学习率。对于大量的神经网络问题来说，0.1 是学习率的一个很好的参考设置值。不失一般性，本书的学习率取值 0.1。

（3）隐层层数 l 和网络节点数 n。DBN 的隐层数量取决于网络中的 RBM 的数量，通过 RBM 逐层对数据进行特征提取，得到输入数据抽象的高层特征。当 DBN 的隐层层数及隐层节点数过少时，网络对原始数据特征提取的能力相较于浅层神经网络并无明显优势；但当隐层数和节点数量过多时，又会导致网络学习效率下降，引发过拟合现象，同时模型的训练时间变长。对于 DBN 网络最优结构的确定，需要结合实际的问题进行合理的构造，本书将采用试验法，确定 DBN 网络最优的隐层层数和隐层节点数，以使模型性能实现最佳。分别设定隐层数目为 1、2、3、4、5、6；各隐层节点数可取 10、14、18、22、26、30。输出结果以最大网络误差 $E_{\max}$、最小网络误差 $E_{\min}$和平均误差百分比（MAPE）的形式进行存储。首先，构造包含 1 个隐层的 DBN 结构来进行试验，设定迭代次数为 200，试验结果如表 4-3 所示。

表 4-3 $l=1$ 时隐层节点数变化对网络精确度的影响

隐层层数 l	隐层节点数 n	E_{max}	E_{min}	1-MAPE/%
1	10	482	103	85.22
1	14	447	241	87.83
1	18	245	145	87.45
1	22	172	102	88.81
1	26	287	102	88.52
1	30	532	267	87.17

基于表 4-3 数据可知，当 $l=1$，$n=22$ 时，模型预测准确率最高，此时网络预测的准确率为 88.81%，第一层隐层节点数量确定后，开始构建包含 2 个隐层的 DBN 结构。试验结果如表 4-4 所示。

表 4-4 $l=2$ 时隐层节点数变化对网络精确度的影响

隐层层数 l	隐层节点数 n	E_{max}	E_{min}	1-MAPE/%
2	22-10	532	134	88.42
2	22-14	433	101	88.41
2	22-18	269	108	89.07
2	22-22	241	102	90.16
2	22-26	287	42	90.27
2	22-30	466	142	90.08

基于表 4-4 数据可知，当 $l=2$，$n=22\text{-}26$ 时，模型预测准确率最高，此时网络预测的准确率为 90.27%。构建包含 3 个隐层的 DBN 结构。试验结果如表 4-5 所示。

表 4-5 $l=3$ 时隐层节点数变化对网络精确度的影响

隐层层数 l	隐层节点数 n	E_{max}	E_{min}	1-MAPE/%
3	22-26-10	402	97	92.74
3	22-26-14	245	12	95.75
3	22-26-18	353	34	95.05
3	22-26-22	227	73	93.12
3	22-26-26	279	18	90.28
3	22-26-30	240	9	92.16

基于表 4-5 数据可知，当 $l=3$，$n=22\text{-}26\text{-}14$ 时，模型预测准确率最高，此时网络预测的准确率为 95.75%。构建包含 4 个隐层的 DBN 结构。试验结果如表 4-6 所示。

表 4-6 $l=4$ 时隐层节点数变化对网络精确度的影响

隐层层数 l	隐层节点数 n	E_{max}	E_{min}	1-MAPE/%
4	22-26-14-10	342	7	93.12
4	22-26-14-14	141	3	97.47
4	22-26-14-18	155	14	97.05
4	22-26-14-22	182	4	96.32
4	22-26-14-26	234	27	94.58
4	22-26-14-30	380	32	91.3

基于表 4-6 数据可知，当 $l=4$，$n=$22-26-14-14 时，模型预测准确率最高，此时网络预测的准确率为 97.47%。构建包含 5 个隐层的 DBN 结构。试验结果如表 4-7 所示。

表 4-7 $l=5$ 时隐层节点数变化对网络精确度的影响

隐层层数 l	隐层节点数 n	E_{max}	E_{min}	1-MAPE/%
5	22-26-14-14-10	277	12	92.43
5	22-26-14-14-14	256	44	97.42
5	22-26-14-14-18	346	2	97.37
5	22-26-14-14-22	123	15	96.41
5	22-26-14-14-26	187	65	93.05
5	22-26-14-14-30	207	44	90.54

基于表 4-7 数据可知，当 $l=5$，$n=$22-26-14-14-14 时，模型预测准确率最高，此时网络预测的准确率为 97.42%，但是相对于 4 个隐层的 DBN 网络结构 5 个隐层的 DBN 网络结构的整体预测精度下降。以同样的方法对包含 6 个隐层的 DBN 网络进行试验，试验表明其预测精度相较于包含 5 个隐层结构的 DBN 模型的预测精度更差。基于试验结果，设定最佳的网络结构包含 4 个隐层，各隐层节点数依次为：22、26、14、14。本书基于试验法得出隐层层数、隐层节点数与预测精准度之间的关系如图 4-3 所示。

各层 RBM 结构的重构误差与迭代次数的变化关系如图 4-4 所示。

由图 4-4 可以看出，各层 RBM 结构的重构误差随迭代次数总体上均呈下降趋势，各层 RBM 结构的重构误差在迭代前期的波动十分显著，中后期保持在固定区间内的小范围的波动；高层 RBM 结构的重构误差明显小于低层 RBM 的重构误差，其主要原因在于高层 RBM 结构能有效地利用低层 RBM 结构对数据的先验分布知识，从而增加的高层 RBM 结构重构神经元时的准确性，能在较少的迭代次数下实现小范围的平稳波动，最终得到相对稳定的网络。

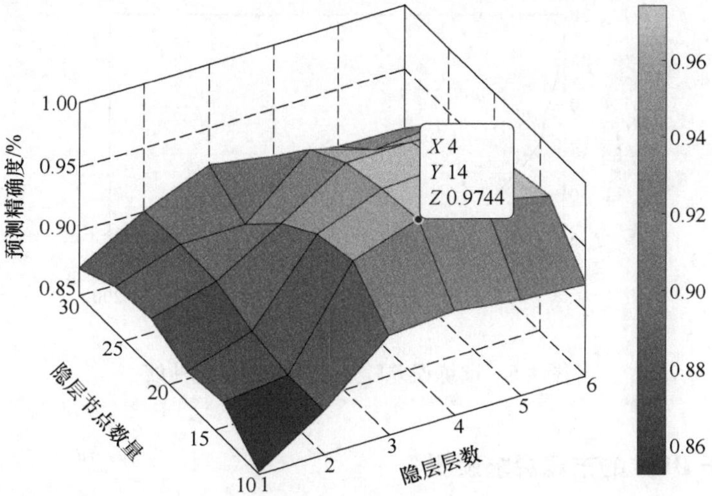

图 4-3 DBN 预测精确与隐层层数和节点数的变化关系

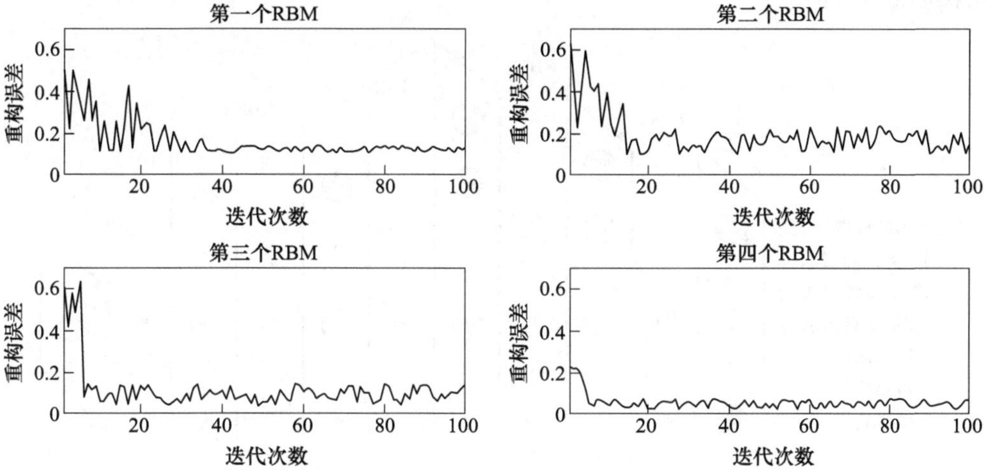

图 4-4 重构误差与迭代次数的关系曲线

（4）迭代次数。在确定网络结构时，设定的迭代次数均为 200 次，但此时的预测效果精度不一定最优。对于相同样本集的训练次数，原则上迭代次数越多，预测结果越精确，但会造成训练时间越长。而且当迭代次数达到一定数值时，预测结果的精度变化越来越微弱，为了确定最佳迭代次数，分别对不同迭代次数下的预测精度进行分析，迭代次数对预测精度的影响如图 4-5 所示。

如图 4-5 所示，可以看出数据迭代 100 次时，DBN 网络训练误差已经足够小，所以在进行预测时设定迭代次数为 100 次是合理的。

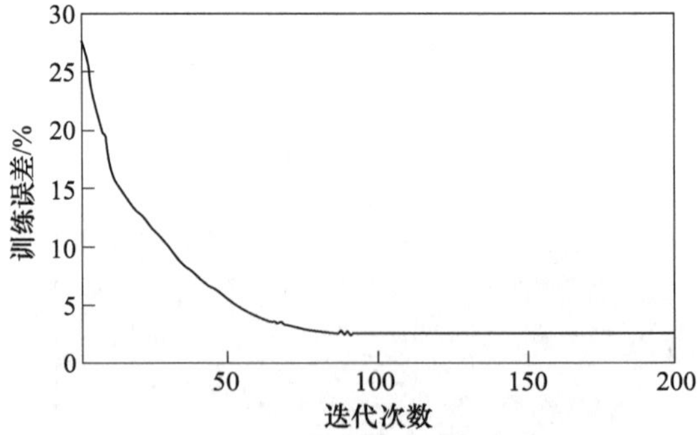

图 4-5　训练误差随迭代次数的变化曲线

4.2.3　基于 DBN 的市场需求预测

基于训练样本集对 DBN 网络进行训练，确定 DBN 市场需求预测模型的最优结构如图 4-6 所示。

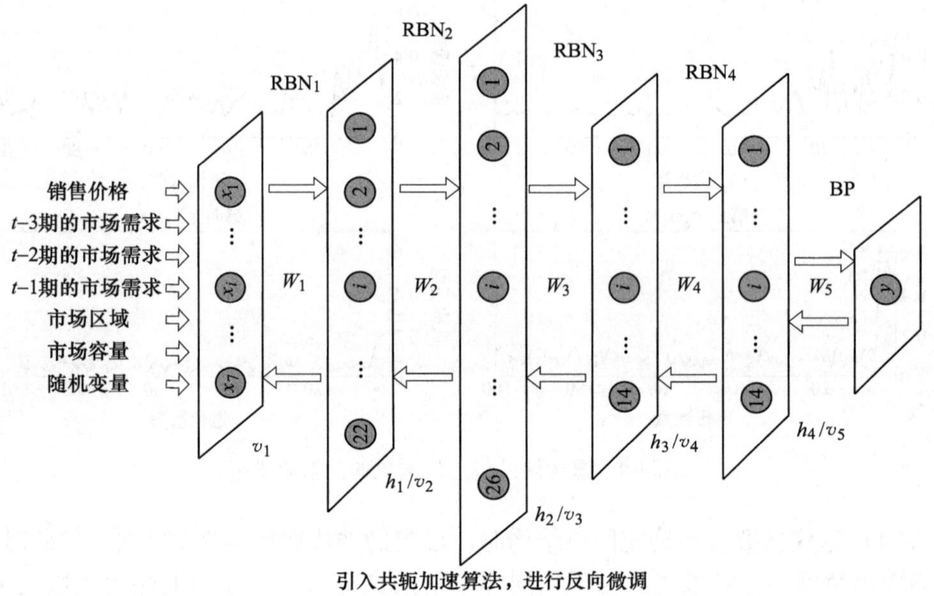

图 4-6　基于共轭梯度算法优化的 DBN 市场需求预测模型

为验证本书所提 DBN 预测模型的精确度和有效性，将其与标准 DBN 预测模型和 BP 预测模型的预测结果进行对比。将表 4-1 的样本数据分别导入以上预测模型，采用试验法确定以上模型的最佳网络结构，基于训练完成的网络对表 4-1 中 10%的测试样本进行预测，得到各模型的预测结果，如图 4-7～图 4-9 所示。

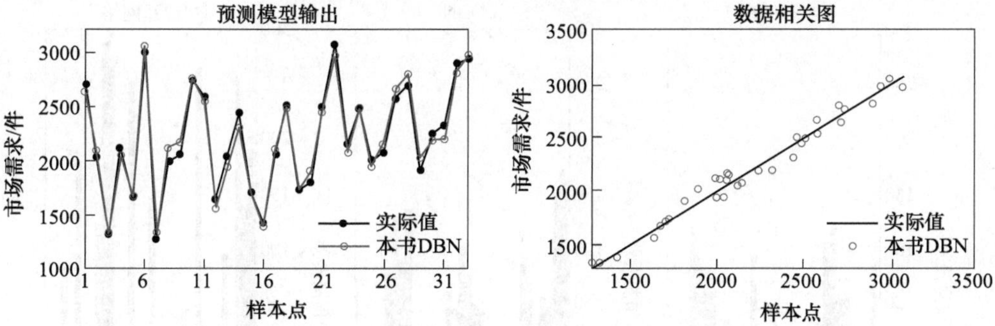

图 4-7 基于共轭梯度算法优化的 DBN 网络的市场需求预测结果

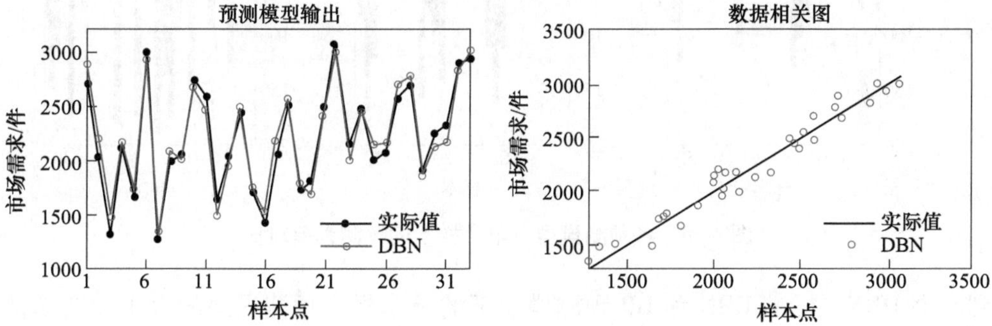

图 4-8 基于标准 DBN 网络的市场需求预测结果

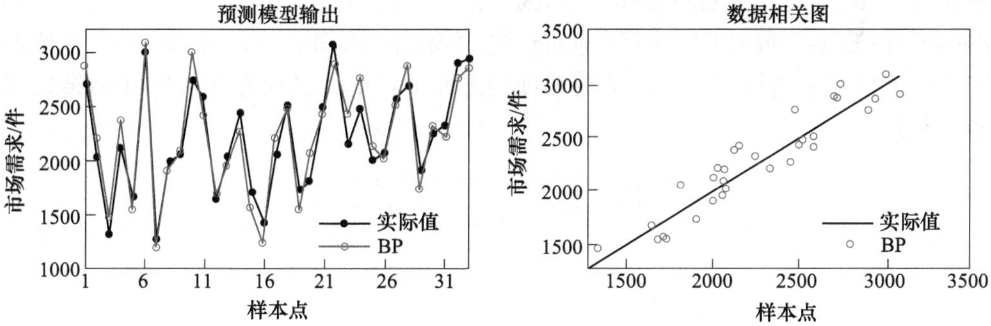

图 4-9 基于 BP 神经网络的市场需求预测结果

基于预测结果进一步得到采用共轭梯度算法优化的 DBN 预测模型、标准 DBN 模型和 BP 神经网络预测模型下单个样本的误差波动情况如图 4-10 所示。

从图 4-7~图 4-9 预测结果可以看出，本书所提的 DBN 市场需求预测模型的输出结果更接近实际值，此外从图 4-10 单个样本预测误差对比可以很直观地看

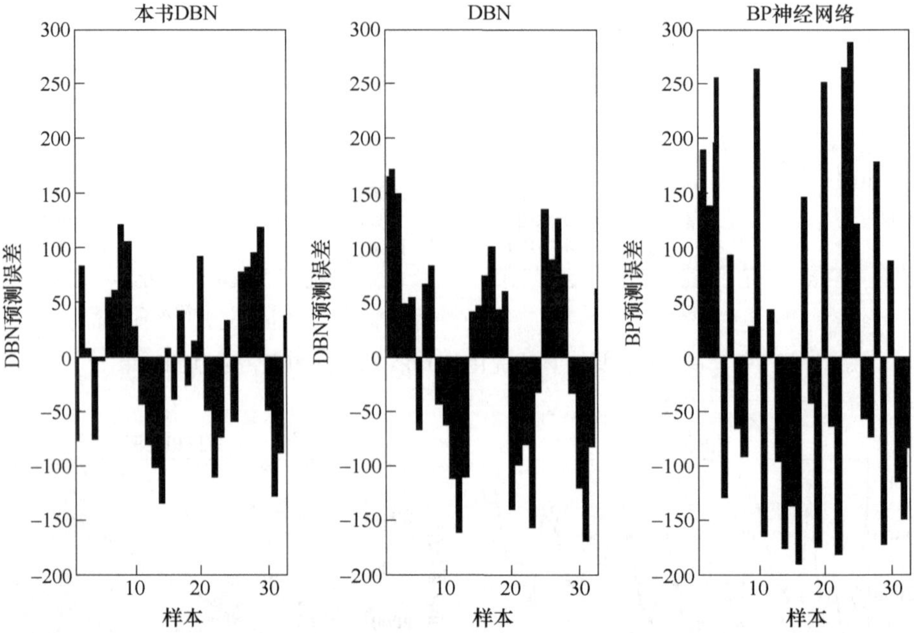

图 4-10　各预测模型下单个样本的预测误差对比

到本书 DBN、标准 DBN 和 BP 预测模型下的单个样本预测误差的大小和波动情况，基于共轭梯度算法优化的 DBN 预测模型对市场需求的预测精度和稳定性明显优于其他两种预测模型的预测结果。为进一步评估模型的预测效果，采用均方根误差（Root Mean Square Error，RMSE），平均相对百分比误差（Mean Absolute Percentage Error，MAPE），平均绝对误差（Mean Absolute Error，MAE）三种不同的评价指标来衡量模型在市场需求预测方面的性能，各模型的性能评估结果如表 4-8 所示。

表 4-8　各预测模型性能评估结果

评价指标	本书 DBN	标准 DBN	BP 神经网络
$\mathrm{MAPE} = \frac{1}{N}\sum_{i=1}^{N}\left\|\frac{f_i - F_i}{f_i}\right\| \times 100\%$	3.1	4.5	6.7
$\mathrm{RMSE} = \sqrt{\frac{1}{N}\sum_{i=1}^{N}(f_i - F_i)^2}$	0.035	0.051	0.075
$\mathrm{MAE} = \frac{1}{N}\sum_{i=1}^{N}\|f_i - F_i\|$	66.52	92.76	141.42
运行时间/s	11.46	19.21	8.47

MAE 可以有效地反映预测值与实际值之间平均偏差；RMSE 的值可以反映误差的波动情况，因此，以上两种指标分别可以用来评估预测模型的准确性和稳定性。基于表 4-8 的数据可知，基于共轭梯度算法优化的 DBN 预测模型下的平均绝对误差和均方根误差均小于标准 DBN 预测模型和 BP 预测模型。以平均相对百分比误差 MAPE 为指标衡量本书 DBN 预测模型的预测精确度高达 96.9%，相对于标准 DBN 模型提高了 1.4%，相对于 BP 预测模型提高了 3.6%。基于以上分析表明，基于共轭梯度算法优化的 DBN 市场需求预测模型具有良好预测精度和稳定性。运行时间方面，由于共轭梯度算法的引入使得 DBN 能在较短之间内获取最优的权重和阈值，在提升网络收敛速度的同时也增加了模型的预测精度，因而具有比标准 DBN 网络更小的预测误差和运行时间。BP 神经网络为浅层神经网络（单隐层结构），相对于多隐层的 DBN 模型其学习速度更快，但其对样本的学习能力有限，对非线性数据的拟合能力较弱，因此 BP 网络虽能在 8.47s 内完成网络预测，但其预测精度远低于 DBN 模型的预测精度。

4.3 案例分析

4.3.1 案例描述

本书以某家电企业的闭环供应链网络为例，该家电企业生产销售某一产品，且该产品可以进行回收再制造，企业的零部件供应来源包括：供应商供应的零部件，以及回收中心回收翻新的零部件。企业根据自身的实际情况向 7 个消费市场供货，根据距离、交通状况等因素确定了 3 个候选生产中心、5 个候选分销中心、4 个候选回收/翻新中心，3 个候选废旧处理中心。该家电企业供应链网络各节点的位置分布如图 4-11 所示。考虑的运输工具为小、中、大三种类型的货车运输，同时该家电供应链网络中，受运输距离、交通工具等因素影响，各节点之间的单位产品运输成本，以及相对应的碳排放量是不同的。此外，网络中涉及的不确定参数包括：市场需求、生产成本和回收率，其中对于不确定的市场需求，决策者基于企业历史数据采用基于共轭梯度算法优化的 DBN 需求预测模型对以上 7 个消费市场的需求进行预测，此外不确定需求、不确定生产成本和不确定回收率的扰动值均为名义值的 20%。

4.3.2 家电供应链网络参数设定

已知该产品寿命 $T=10$ 年，市场上可进行回收的产品已使用年限在 4 年至 8 年之间，因此，可回收产品的使用年限在均匀分布区间（4，8）上取值，各市场交货的延迟概率在均匀分布区间（0.02，0.06）上取值，供应链网络其余相关参数如表 4-9~表 4-14 所示。

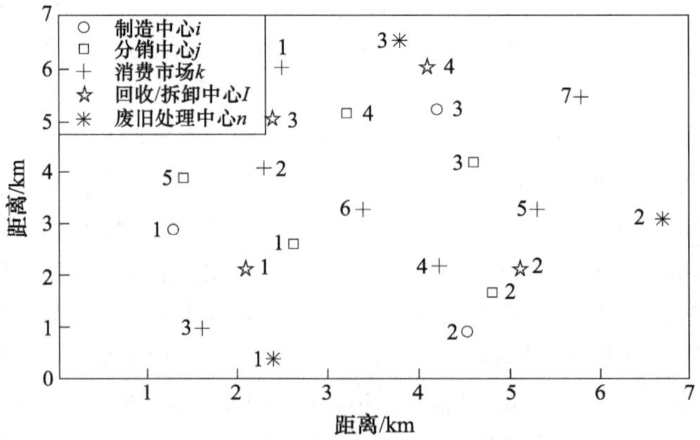

图 4-11　闭环供应链网络节点分布图

表 4-9　制造中心参数

制造中心 i	$i=1$	$i=2$	$i=3$
固定开设成本 fc_i/件	280000	320000	340000
生产能力 cp_i/件	6800	9500	8700
固定碳排量 fce_i/kg	857	998	875
单位生产成本 $mc1_i$/元	144	148	139
单位生产成本 $mc2_i$/元	121	116	12
单位产品碳排量 mce_i/kg	15	13	12

表 4-10　分销中心参数

分销中心 j	$j=1$	$j=2$	$j=3$	$j=4$	$j=5$
固定开设成本 fc_j/元	19000	22000	29000	26000	31000
分销能力 cp_j/件	4700	5200	6500	5800	6400
固定碳排量 fce_j/kg	807	870	854	784	825
单位分销成本 dc_j/元	21	23	17	19	17

表 4-11　消费市场参数

消费市场 k	$k=1$	$k=2$	$k=3$	$k=4$	$k=5$	$k=6$	$k=7$
市场实际需求 D_k/件	2737	2493	2903	2999	2511	2702	2576
预测需求 $D_{k(DBN)}$/件	2764	2444	2815	3053	2485	2797	2658
惩罚成本 $pc1_k$/元	4	4	4	3.5	4	4	4
惩罚成本 $pc2_k$/元	2	2	2	2	2	2	2

表 4-12 回收/翻新中心参数

回收/拆卸中心 l	$l=1$	$l=2$	$l=3$	$l=4$
固定开设成本 fc_l/元	150000	130000	170000	135000
回收能力 cp_l/件	4000	5100	58000	5000
固定碳排量 fce_l/kg	776	785	662	648
单位拆卸碳排量 $rce1_l$/kg	3	2	2	3
单位翻新碳排量 $rce2_l$/kg	5	4	5	5
单位拆卸成本 $rc1_l$/元	12	8	11	11
单位翻新成本 $rc2_l$/元	26	23	24	24
产品回收率 τ_k/件	0.56	0.65	0.59	0.67

表 4-13 废旧处理中心参数

废旧处理中心 n	$n=1$	$n=2$	$n=3$
固定开设成本 fc_n/元	47000	42000	51000
处理能力 cp_n/件	4500	3700	4800
固定碳排量 fce_n/kg	315	342	327
单位废旧碳排量 wce_n/kg	4	3	4
单位废旧处理成本 wc_l/元	4.5	4	4.2

表 4-14 运输参数

运输方式 m	小型货车	中型货车	大型货车
设施租赁成本 fc_m/元	240	280	350
装载能力 cp_m/件	60	65	76
单位距离碳排量 ce_m/kg	2.6	2.9	3.8
单位运输成本 tc_m/元	5	4.5	3.9
质量损失系数 σ_m	0.012	0.015	0.017

基于图 4-11 中各节点企业的分布情况，得到各节点企业之间的距离，具体数值信息如表 4-15～表 4-19 所示。

表 4-15 制造中心 *I* 至分销中心 *J* 的距离

I 至 J 的距离/km	$j=1$	$j=2$	$j=3$	$j=4$	$j=5$
$i=1$	1.33	3.70	3.55	2.91	1.00
$i=2$	2.55	0.85	3.30	4.40	4.31
$i=3$	3.05	3.55	1.08	1.00	3.09

表 4-16　分销中心 *J* 至消费市场 *K* 的距离

J 至 *K* 的距离/km	$k=1$	$k=2$	$k=3$	$k=4$	$k=5$	$k=6$	$k=7$
$j=1$	3.40	1.53	1.89	1.65	2.79	1.06	4.25
$j=2$	4.88	3.47	3.28	0.78	1.68	2.13	3.83
$j=3$	2.77	2.30	4.39	2.04	1.14	1.50	1.70
$j=4$	1.14	1.35	4.40	3.07	2.77	1.81	2.62
$j=5$	2.37	0.92	2.91	3.28	3.95	2.09	4.65

表 4-17　消费市场 *K* 至回收/翻新中心 *L* 的距离

K 至 *L* 的距离/km	$l=1$	$l=2$	$l=3$	$l=4$
$k=1$	4.42	4.69	1.00	1.60
$k=2$	2.57	3.44	0.91	2.62
$k=3$	1.43	3.67	4.08	5.59
$k=4$	1.43	0.91	3.33	3.80
$k=5$	2.94	1.22	3.36	2.95
$k=6$	1.77	2.08	1.97	2.79
$k=7$	4.78	3.37	3.42	1.80

表 4-18　回收/翻新中心 *L* 至废旧处理中心 *N* 的距离

L 至 *N* 的距离/km	$n=1$	$n=2$	$n=3$
$l=1$	1.30	4.98	4.09
$l=2$	3.19	4.59	1.89
$l=3$	4.60	2.05	4.70
$l=4$	5.85	0.58	3.89

表 4-19　回收/翻新中心 *L* 至制造中心 *I* 的距离

L 至 *I* 的距离/km	$i=1$	$i=2$	$i=3$
$l=1$	2.06	1.75	3.83
$l=2$	3.88	1.34	3.23
$l=3$	2.37	4.61	1.81
$l=4$	4.18	5.12	0.81

4.4　模型算法设计与评价

多目标规划问题属于 NP-hard 问题，现有文献中关于多目标模型的求解方法主要分为两类：第一类是采用线性加权法、理想点法和主目标法等方法将多目标转换为单目标然后进行求解；第二类是采用多目标算法，求获取多目标函数的Pareto解集，如多目标粒群算法、非支配性排序遗传算法和多目标布谷鸟搜索算法等。第一类方法虽然可以简化求解过程，却不能直观地反映各目标之间的关系，同时随着目标和约束的增加，其求解的复杂程度增加。基于Pareto理念的多目标优化算法在模型求解效果和时间上都表现出巨大的优势，目前非支配性排序遗传算法[23]、多目标粒子群优化算法[24]，被成功的运用于网络优化问题。多目标布谷鸟搜索（Cukoo Search，CS）算法是YANG和DEB于2009年提出的一种新型元启发式优化算法，该算法采用Levy飞行机制进行随机搜索，使得算法的局部搜索和全局搜索能力得到有效平衡[25]。相对于上述算法，该算法涉及的较少代码和参数，具有较强的全局搜索能力[26]，且该算法原理简单，同时基于Lvey飞行的搜索方式使得算法的局部搜索能力和全局搜索能力得到有效平衡，相比遗传算法具有更高效的优化能力[27~29]。基于此本书在CS算法的基础上提出一种基于动态参数调整策略的动态布谷鸟搜索（Adaptive Cuckoo Search，ACS）算法。

4.4.1 Levy 飞行搜索机制

ACS算法模拟布谷鸟寄生繁殖行为来解决复杂的优化问题，采用Levy飞行的随机搜索方式更新步长寻求候选鸟巢。

采用Levy飞行搜索机制的鸟巢位置更新方式如公式（4-29）所示：

$$X_i^{t+1} = X_i^t + \alpha^t \cdot (X_i^t - X_{\mathrm{best}}^t) \oplus \mathrm{Levy}(\beta) \tag{4-29}$$

式中，X_i^{t+1}，X_i^t为第$t+1$代、t代鸟巢i的位置；X_{best}为当前最好的鸟巢位置；α^t为步长控制因子；$L(\lambda)$为Levy搜索的随机步长，其表达式如下：

$$\mathrm{Levy}(\beta) = \frac{\mu}{|\, v \,|^{1/\beta}} \tag{4-30}$$

β为Levy飞行指数，u和v为服从正态分布的随机数：

$$\begin{cases} u \sim N(0,\sigma_n^2), \sigma_n = \left\{ \dfrac{\Gamma(1+\beta) \cdot \sin(\pi\beta/2)}{\Gamma[((1+\beta)/2) \times \beta \times 2^{(\beta-1)/2}]} \right\}^{1/\beta} \\ v \sim N(0,\sigma_v^2), \sigma_v = 1 \end{cases} \tag{4-31}$$

式中，Γ为伽马函数。基于公式（4-29）更新的鸟巢位置都伴随着一个随机数p，当p小于等于发现概率p_a时，保留p所对应的候选鸟巢；当p大于发现概率p_a时直接淘汰p所对应的候选鸟巢，保留原始鸟巢，其表达形式为：

$$X_i^{t+1} = \begin{cases} X_i^t + [\alpha \cdot (X_i^{(t)} - X_{\mathrm{best}}^{(t)})] \oplus \mathrm{Levy}(\beta), \mathrm{if} p \leqslant p_a \\ X_i^t, p > p_a \end{cases} \tag{4-32}$$

式中，p是位于区间［0，1］中的随机实数。

4.4.2　动态参数调整策略

基于布谷鸟搜索的原理可知，布谷鸟是基于 Levy 飞行随机搜索方式更新位置产生候选鸟巢，实现个体位置更新，获取优质候选鸟巢。Levy 飞行轨迹如图 4-12 所示。

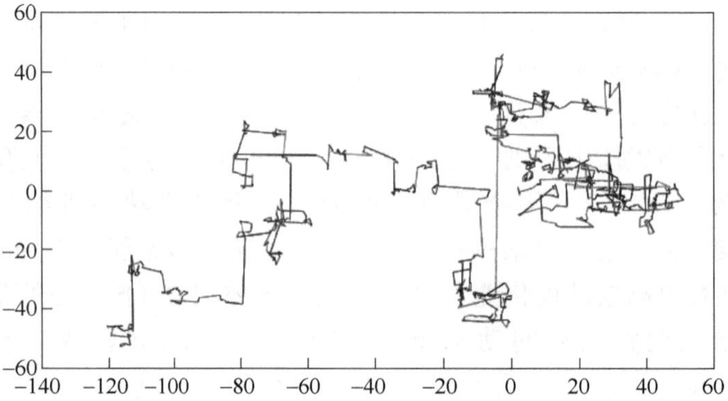

图 4-12　Levy 飞行轨迹

同时由图 4-12 可知，Levy 飞行是一种将短频长距飞行和高频短距飞行相结合的随机搜索方式，实现在不同区域内的随机跳跃搜索。该搜索模式下，群体可在算法迭代前期大范围搜索，有利于增强算法的全局开采能力。但优胜劣汰的精英保留策略，使得布谷鸟个体质量随着迭代次数增多而提高，算法后期群体逐渐向最优解区域靠近，此时的较大步长会使个体跳离全局最优解所在的区域，降低解的质量。从公式（4-29）可知，可以通过调整步长控制因子 α 控制 Levy 飞行的收缩范围，但标准 CS 算法中的 α 为定值，固定取值方式并不能很好地调节 Levy 飞行产生的步长大小。

此外发现概率也是影响布谷鸟优化效果的重要参数，发现概率 p_a的值决定了产生的候选是否会被最终保留，当 $p_a>p$ 则保留 p 所对应的鸟巢，反之，则淘汰 p 所对应的鸟巢。因此若 p_a取值较大，被发现的鸟巢数量较少，种群的多样性下降；若 p_a取值较小，则有利于增强全局搜索的灵活性，但导致局部搜索收敛速度减弱。

为解决上述问题，本书采用余弦递减策略[30,31]来实现发现概率和步长的动态自适应动态变化，以提升算法的求解精度和收敛速度。自适应发现概率和自适应步长控制因子表达式如下所示：

$$p_a = p_{a,\max}\cos\left(\frac{\pi}{2}\cdot\frac{T_{\text{iter}}-1}{T_{\max}-1}\right)+p_{a,\min} \tag{4-33}$$

$$\alpha^{t+1} = \begin{cases} \alpha_{\max}\cos(\pi/2 \cdot t/t_{\max}), R \leqslant 0.4 \\ \alpha^{t}\cos(\pi/2 \cdot t/t_{\max}), 0.4 < R \leqslant 0.7 \\ \alpha_{\min}\cos(\pi/2 \cdot t/t_{\max}), R > 0.7 \end{cases} \tag{4-34}$$

因此，基于动态自适应步长的鸟巢位置更新方式可以进一步表示为：

$$X_i^{t+1} = \begin{cases} X_i^t + (\mu/|v|^{1/\beta})(X_i^t - X_{\text{best}}^t)\alpha_{\max}\cos(\pi/2 \cdot t/t_{\max}), R \leqslant 0.4 \\ X_i^t + (\mu/|v|^{1/\beta})(X_i^t - X_{\text{best}}^t)\alpha^{(t)}\cos(\pi/2 \cdot t/t_{\max}), 0.4 < R \leqslant 0.7 \\ X_i^t + (\mu/|v|^{1/\beta})(X_i^t - X_{\text{best}}^t)\alpha_{\min}\cos(\pi/2 \cdot t/t_{\max}), R > 0.7 \end{cases} \tag{4-35}$$

式中，p_a，$p_{a,\max}$，$p_{a,\min}$为发现概率、最大发现概率和最小发现概率；α，$\alpha_{\max}$，$\alpha_{\min}$为步长控制因子、最大步长控制因子和最小步长控制因子；T_{iter}，$T_{\max}$为当前进化代数和最大进化代数；R 为当前进化代数与总进化代数的比。算法前期（$R \leqslant 0.4$），采用基于较大步长的余弦递减策略，快速搜索，减小种群规模，此时趋向于全局搜索；算法中期（$0.4 < R \leqslant 0.7$），此时布谷鸟种群处于最优的更新状态，进行小范围的优质个体搜索，此时趋向于局部搜索；算法后期（$R > 0.7$），群体不断向最优解区域靠近，采用小步长进行精细搜索，以获得最优解。

4.4.3 多目标模糊优化

多目标问题可能存在多组可行解，为在多组可行解中找出最优的一组多目标解，本书引入多目标模糊优化理论，构建多目标隶属度函数，将多目标的优化问题转换为对单目标数值，即求解满意度的优化问题。本书构建的闭环供应链网络包括 3 个目标，即最小化网络成本、最低网络碳排放量和最小化顾客满意度损失，因此对它们采取不同的隶属度函数。各目标隶属度函数图像如图 4-13 所示。

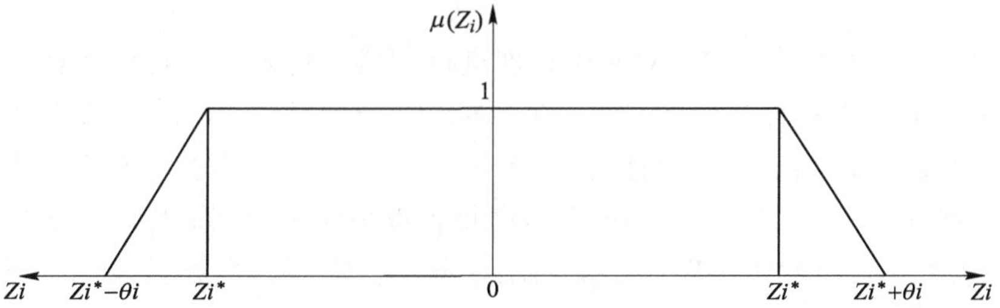

图 4-13 各目标相应的隶属度函数

如图 4-13 所示，$\mu(Zi)$ 表示目标函数的隶属度，位于 [0, 1]；Zi 表示目标函数值，Zi^* 表示单优化目标的最理想值，即单目标最优值；θi 表示决策者允许的最大偏差。左侧坐标轴则表示以最大化目标值对应的隶属度函数，右侧坐标轴则表示以最小化目标值对应的隶属度函数，因此各目标函数的隶属度函数分别如下所示。

最小化网络成本对应的隶属度函数：

$$\mu(Z1)=\begin{cases}1\quad , & Z1\leqslant Z1^*\\ \dfrac{Z1^*+\theta1-Z1}{\theta1}, & Z1^*\leqslant Z1\leqslant Z1^*+\theta1\\ 0\quad , & Z1\geqslant Z1^*+\theta1\end{cases}\tag{4-36}$$

最低网络碳排放对应的隶属度函数：

$$\mu(Z2)=\begin{cases}1\quad , & Z2\leqslant Z2^*\\ \dfrac{Z2^*+Z2-\theta2}{\theta2}, & Z2^*\leqslant Z2\leqslant Z2^*+\theta2\\ 0\quad , & Z2\geqslant Z2^*+\theta2\end{cases}\tag{4-37}$$

最小化顾客满意度损失对应的隶属度函数：

$$\mu(Z3)=\begin{cases}1\quad , & Z3\geqslant Z3^*\\ \dfrac{Z3-Z3^*+\theta3}{\theta1}, & Z3^*-\theta3\leqslant Z3\leqslant Z3^*\\ 0\quad , & Z3\leqslant Z3^*-\theta3\end{cases}\tag{4-38}$$

将以上 3 个指标值进行模糊化处理并取其隶属度函数值，构造满意度函数，即：

$$\max\mu(\mu(Z1),\mu(Z2),\mu(Z3))=\frac{\mu(Z1)+\mu(Z2)+\mu(Z3)}{3}\tag{4-39}$$

则本书的多目标优化问题就转化成满足所有约束条件的函数整体满意度最大的问题。基于上述改进，得到改进后的布谷鸟算法流程图（见图 4-14）。

根据本书构建的多目标规划模型以及布谷鸟算法流程，给出算法的实现步骤：

步骤 1：输入原始参数，对原始数据进行编码。将多目标规划问题的所有可能性解映射到布谷鸟算法搜索空间，多目标布谷鸟算法中，每个鸟窝存放 1 个布谷鸟蛋，即供应链网络总体满意度值：$F_i=\mu(\mu(Z1),\ \mu(Z2),\ \mu(Z3))$；$X_{amb}$ 表示布谷鸟搜索空间内所有鸟巢的位置，即将各设施间应急物资流动的数量，将各设施间物料流动的数量（X_{imj}、Y_{jmk}、Z_{kml}、W_{lmn}、V_{lmi}），以矩阵形式进行编码，矩阵 X_{ij} 表示第 i 个 j 维鸟巢的位置，鸟巢的维度：

$$j=(I\times M\times J)+(J\times M\times K)+(K\times M\times L)+(L\times M\times N)+(L\times M\times I)\tag{4-40}$$

本书中的决策变量包括二元决策变量 OF_i、OF_j、OF_l、OF_n、OF_m；连续变量 X_{imj}、Y_{jmk}、Z_{kml}、W_{lmn}、V_{lmi}，其中二元决策变量值由连续决策变量的值决定，OF_i 由 X_{imj} 和 V_{lmi} 的值推出，如公式（4-41）所示：

$$OF_i = \begin{cases} 0, X_{imj} + V_{lmi} = 0 \\ 1, X_{imj} + V_{lmi} \geqslant 0 \end{cases} \tag{4-41}$$

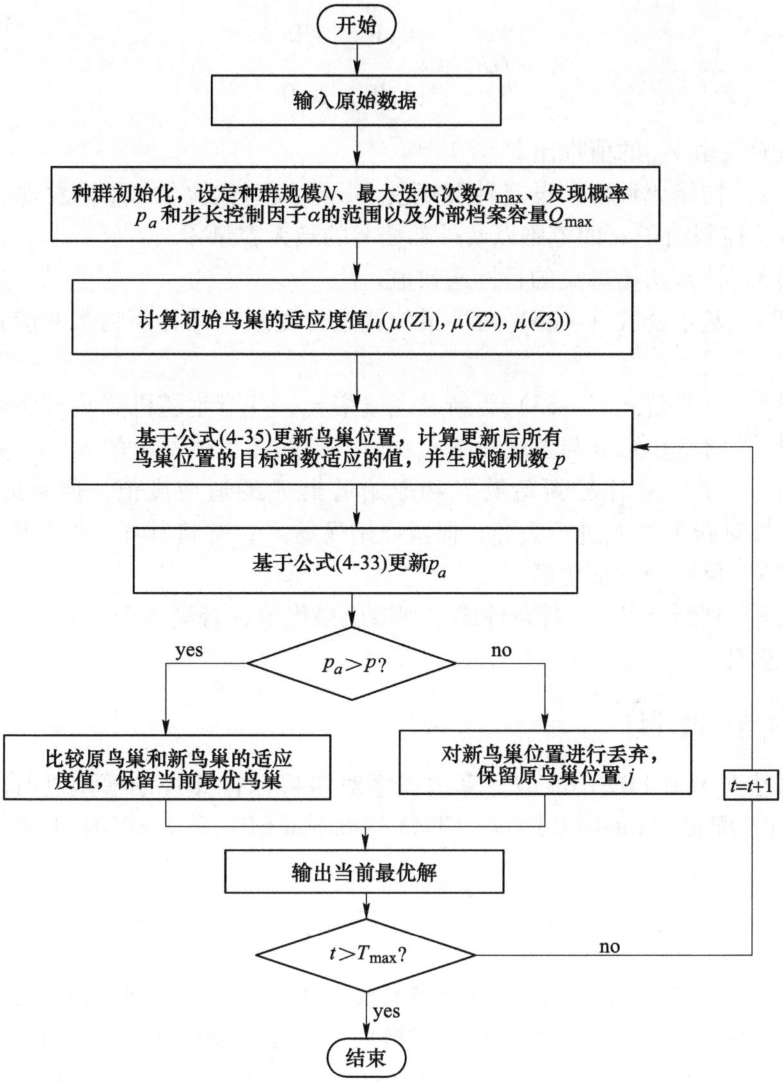

图 4-14　自适布谷鸟搜索算法流程

OF_j由 Y_{jmk}的值推出，如公式（4-42）所示：

$$OF_j = \begin{cases} 0, Y_{jmk} = 0 \\ 1, Y_{jmk} \geqslant 0 \end{cases} \tag{4-42}$$

OF_l由 Z_{kml}的值推出，如公式（4-43）所示：

$$OF_l = \begin{cases} 0, Z_{kml} = 0 \\ 1, Z_{jkml} \geqslant 0 \end{cases} \tag{4-43}$$

OF_n 由 W_{lmn} 的值推出，如公式（4-44）所示：

$$OF_n = \begin{cases} 0, W_{lmn} = 0 \\ 1, W_{lmn} \geqslant 0 \end{cases} \tag{4-44}$$

同理 OF_m 由 V_{lmi} 的值推出。

步骤 2：初始化种群，设定种群规模 N，最大迭代次数 $T_{\max}$，发现概率 p_a 的范围，步长控制因子 α 的范围以及外部档案的最大容量 $Q_{\max}$。

步骤 3：计算初始鸟巢的目标函数值，F_i。

步骤 4：基于公式（4-35）对鸟巢位置进行更新，计算新鸟巢对应目标函数值，F_j。

步骤 5：基于公式（4-33）更新发现概率 p_a，并产生随机数 $p \in [0,1]$。

步骤 6：将随机数 p 与发现概率 p_a 比较，若新鸟巢位置上的 $p_a > p$，则保留新位置上的鸟巢 F_j，并比较新鸟巢 F_j 和原始鸟巢 F_i 的适应度值，保留最优鸟巢；反之，直接对新鸟巢 F_j 进行丢弃，保留原始鸟巢 F_i，并将其存入外部档案。

步骤 7：保留当前最优解。

步骤 8：判断 $t > T_{\max}$，若条件成立则输出最优值；否则，令 $t = t+1$，然后转步骤 3 进入循环。

4.4.4　算法性能评价

本章基于 MatlabR2018b 编写算法程序对多目标鲁棒规划模型进行求解，计算机的 CPU 配置为 Intel（R）Core（TM）I7-8550u CPU @ 1.80GHz 1.99 GHz，内存为 8GB。

4.4.4.1　改进效果评价

为了验证动态步长和动态发现概率的改进效果，本文分别在步长固定和发现概率固定时求解各子目标函数。种群规模为 50，迭代 200 次，ACS 算法的最小步长控制因子 $\alpha_{\min} = 0.01$，最大步长控制因子 $\alpha_{\max} = 0.3$，发现概率 p_a 在[0.2，0.5]之间取值；固定步长 $\alpha = 0.01$，固定发现概率 $p = 0.2$。目标函数值随迭代次数的变化曲线如图 4-15 所示。

从各目标函数值随迭代次数的变化曲线可知，在同样的条件下，引入动态步长和动态发现概率的 ACS 算法在求解速度和精度上均显示了其优越性。同时通过比较图 4-15 的曲线可知，与采用固定步长、固定发现概率时相比，采用动态步长、固定发现概率的收敛速度加快，采用动态发现概率、固定步长的求解精度

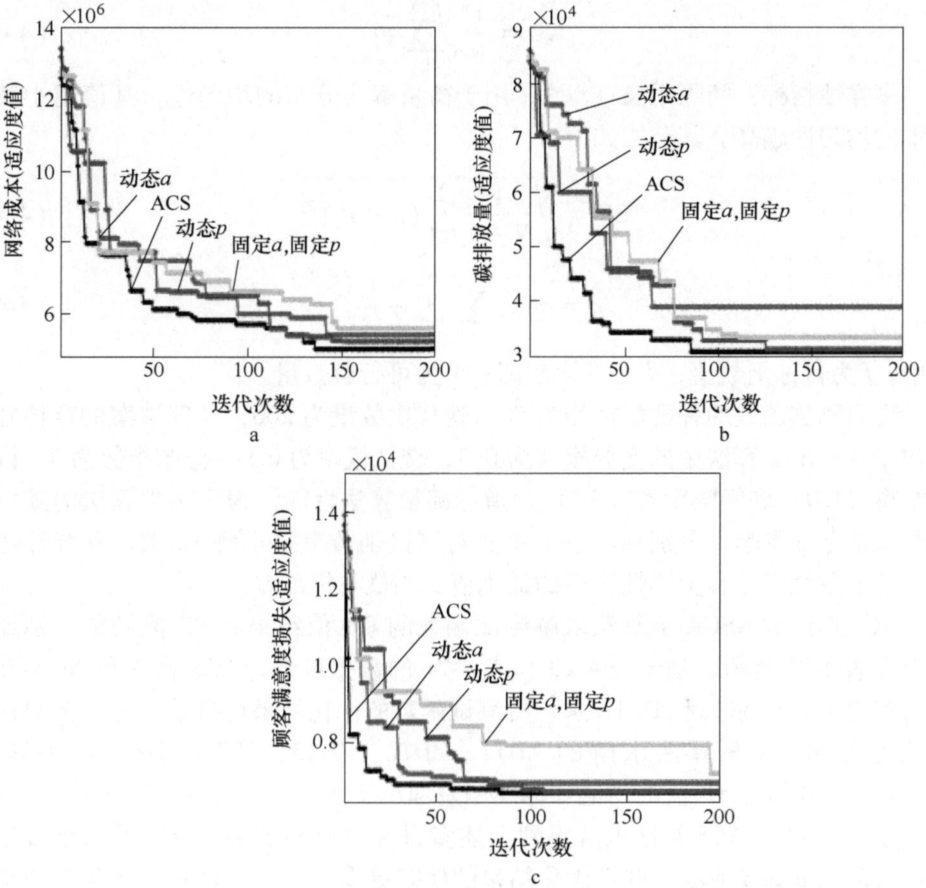

图 4-15 目标函数值随迭代次数的变化曲线

提高。此外由图 4-15c 可知，固定步长和固定发现概率下，顾客满意度损失目标函数值陷入了局部最优。以上结果表明，基于改进步长和发现概率的 ACS 算法能在更短的时间内，求得更优的解，且能有效地跳出局部最优。

4.4.4.2 算法性能评估

为了验证本书所提的 ACS 算法在解决多目标优化问题上的有效性，本书引入 8 个典型的多目标测试函数对算法性能进行测试，并选取非支配排序遗传算法（NSGA-Ⅱ）作为对比算法。收敛性和多样性是评价多目标优化算法性能的主要指标，因此本书采用以上方法对算法性能进行评估。

收敛性指标：当代距离（GD），即每个可行解与 Pareto 前沿的平均距离，其值越小表示收敛性越好。其公式如下：

$$\mathrm{GD}=\frac{1}{N}\sqrt{\sum_{i=1}^{N}d_i^2} \tag{4-45}$$

多样性指标：间隔距离（SP），用于衡量解集分布的均匀性，其值越小表示解集的均匀性越高。其公式如下：

$$\mathrm{SP}=\sqrt{\frac{1}{N-1}\sum_{i=1}^{N}(\bar{d}-d_i)^2} \tag{4-46}$$

$$d=\min_j\left(\sum_{i=1}^{N}|f_k^i-f_k^j|\right) \tag{4-47}$$

式中，f 为目标函数值；$\bar{d}$ 为平均距离；N 为可行解数量。

设定测试函数的种群规模均为 50，迭代次数设为 200，外部档案的存档容量为 30，NSGA-Ⅱ算法中的变异概率为 0.3，交叉概率为 0.9，分布指数为 5。以当代距离（GD）和间隔距离（SP）为指标衡量算法性能，为了减少算法的随机性对测试结果的影响，分别利用以上算法对测试函数重复求解 12 次，并统计优化结果的收敛性指标和多样性指标的最优值、均值与标准差。

ACS 算法和 NSGA-Ⅱ算法求解测试函数的 GD 值结果和 SP 值结果分别如表 4-20 和表 4-21 所示。基于表 4-20 和表 4-21 的数据可知，ACS 算法和 NGA-Ⅱ算法求解得到 ZDT 系列和 DZTL 系列的测试函数的优化结果均有效。进一步对比表中数据可知，ACS 算法求解的 ZDT1、ZDT2、ZDT3、ZDT4、DZTL1、DZTL2、DZTL5 的 GD 值和 SP 值的均值和标准偏差均小于 NSGA-Ⅱ算法。以上结果表明，相对于 NGA-Ⅱ，ACS 算法求解得到上述多目标测试函数的 pareto 前沿更接近于函数实际的 pareto 前沿，并且优化结果的偏差更小，该结果表明 ACS 算法更加稳定；ACS 算法在求解测试函数 DZTL7 时，其准确率略低于 NSGA-Ⅱ算法，但在稳定性和解集分布的均匀性方面优于 NSGA-Ⅱ算法。此外，由图 4-16、图 4-17 对比不同算法求解的测试函数 GD 值收敛曲线可知，ACS 算法的收敛速度明显优于 NSGA-Ⅱ算法，综合表中数据和图中曲线变化情况可知 ACS 算法的总体优化效果优于 NSGA-Ⅱ算法，验证了自适应布谷鸟搜索算法求解多目标优化问题的有效性。

表 4-20　ACS 算法和 NSGA-Ⅱ算法 GD 值优化结果

测试函数	算法	GD 值 最优值	 平均值	 标准差
ZDT1	ACS	1.80E-04	5.40E-04	3.59E-03
	NSGA-Ⅱ	6.90E-04	7.50E-04	2.21E-03
ZDT2	ACS	4.40E-04	5.30E-04	2.00E-05
	NSGA-Ⅱ	6.90E-04	7.10E-04	1.20E-04

续表 4-20

测试函数	算法	最优值	GD 值 平均值	标准差
ZDT3	ACS	1. 12E-03	1. 68E-03	6. 50E-04
	NSGA-Ⅱ	2. 13E-03	7. 38E-03	3. 50E-03
ZDT4	ACS	4. 50E-04	4. 80E-04	2. 00E-05
	NSGA-Ⅱ	2. 60E-03	3. 54E-03	4. 01E-02
DTLZ1	ACS	1. 85E-03	3. 12E-03	3. 87E-02
	NSGA-Ⅱ	4. 52E-02	9. 82E-02	2. 64E-02
DTLZ2	ACS	1. 31E-03	2. 32E-03	1. 67E-03
	NSGA-Ⅱ	1. 94E-03	2. 53E-03	1. 68E-03
DTLZ5	ACS	1. 10E-04	2. 10E-04	1. 50E-04
	NSGA-Ⅱ	4. 80E-04	3. 80E-04	1. 80E-04
DTLZ7	ACS	1. 58E-03	1. 42E-03	5. 10E-04
	NSGA-Ⅱ	8. 00E-04	1. 61E-03	2. 24E-03

表 4-21 ACS 算法和 NSGA-Ⅱ算法 SP 值优化结果

测试函数	算法	最优值	SP 值 平均值	标准差
ZDT1	ACS	1. 37E-03	1. 60E-03	2. 13E-03
	NSGA-Ⅱ	3. 93E-03	4. 76E-03	2. 39E-03
ZDT2	ACS	5. 70E-03	7. 91E-03	7. 02E-04
	NSGA-Ⅱ	6. 34E-03	8. 26E-03	9. 21E-04
ZDT3	ACS	3. 21E-03	3. 34E-03	2. 54E-03
	NSGA-Ⅱ	5. 70E-03	6. 46E-03	3. 65E-03
ZDT4	ACS	7. 53E-03	9. 06E-03	7. 87E-03
	NSGA-Ⅱ	6. 52E-03	8. 21E-03	8. 13E-04
DTLZ1	ACS	9. 03E-03	3. 30E-02	2. 63E-02
	NSGA-Ⅱ	5. 04E-02	7. 26E-02	1. 23E-02
DTLZ2	ACS	7. 03E-03	9. 19E-03	2. 00E-02
	NSGA-Ⅱ	3. 05E-02	4. 00E-02	3. 11E-02
DTLZ5	ACS	1. 40E-02	2. 64E-02	0. 00203
	NSGA-Ⅱ	3. 15E-02	3. 60E-02	2. 63E-03
DTLZ7	ACS	2. 03E-03	2. 86E-02	1. 13E-02
	NSGA-Ⅱ	3. 99E-03	4. 34E-02	8. 48E-02

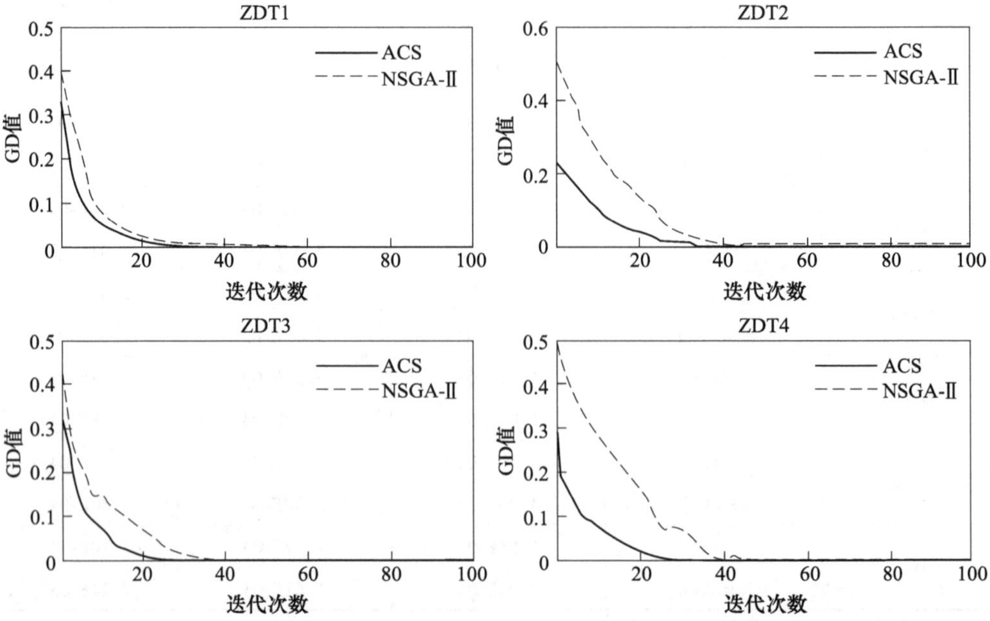

图 4-16　ACS 算法和 NSGA-Ⅱ算法下 ZDT 系列测试函数的收敛曲线

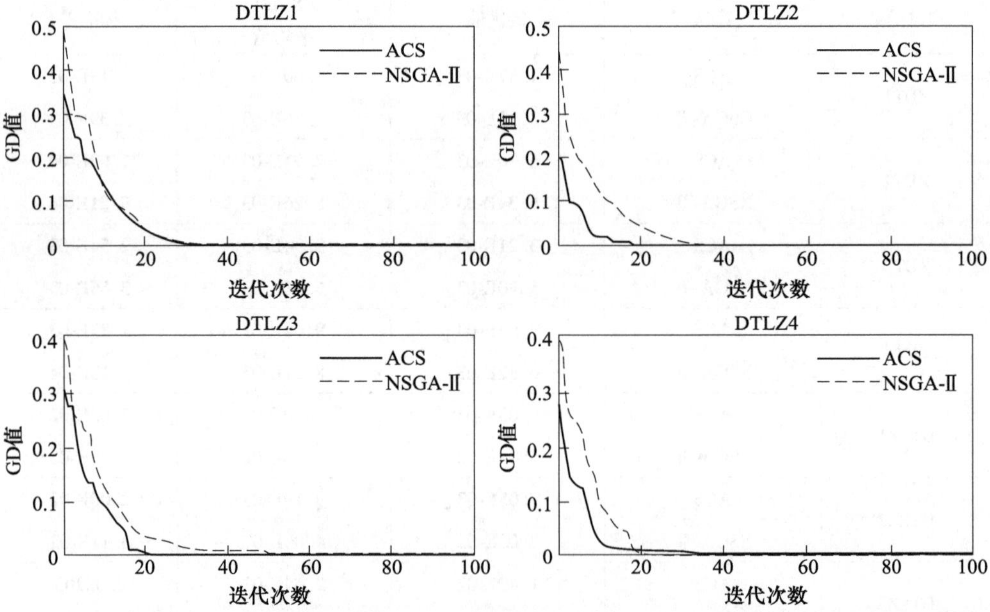

图 4-17　ACS 算法和 NSGA-Ⅱ算法下 DZTL 系列测试函数的收敛曲线

基于上述内容，进一步采用 ACS 算法求解本书多目标规划模型。根据表 4-9~

表4-19的参数信息，分别采用ACS算法和NGA-Ⅱ算法求解模型，得到Pareto前沿分布如图4-18所示。

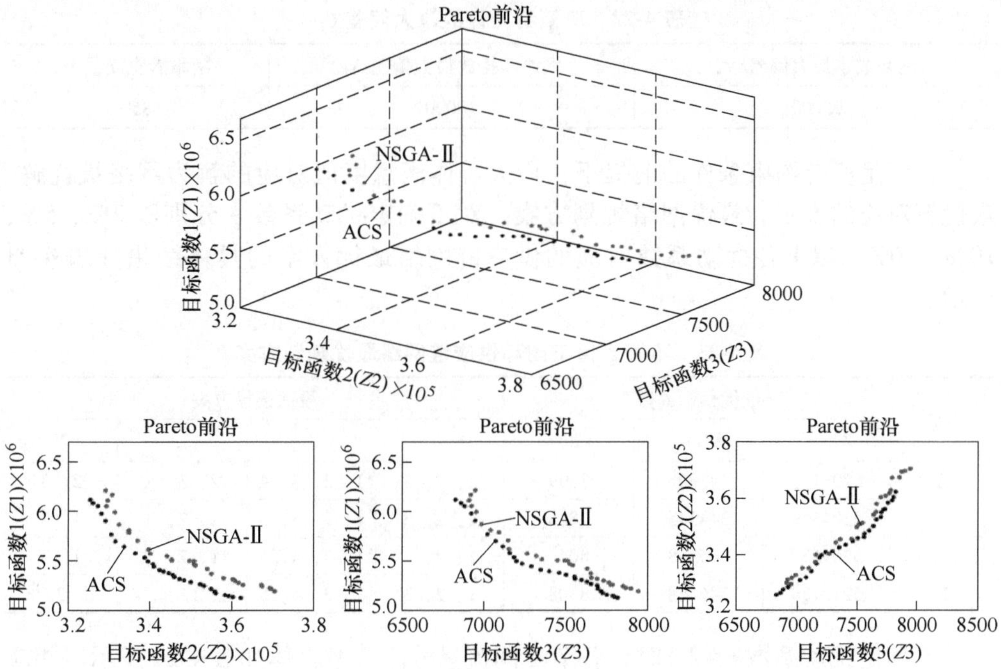

图4-18　ACS算法求解的多目标函数Pareto前沿解集分布

由图4-18可看出，基于ACS算法获得的pareto最优解集的目标值和均匀性总体优于NSGA-Ⅱ算法，进一步说明了自适应布谷鸟搜索算法求解本书多目标问题的有效性和优越性。

4.5 结果分析

4.5.1 不确定环境下的网络规划方案

基于给定参数信息，令各不确定参数的不确定扰动系数 $\xi=\xi_{D_k}=\xi_{mc1_i}=\xi_{mc2_i}=\xi_{\tau_k}$，根据优化模型公式（3-43），模型约束公式（3-22）~公式（3-32）和公式（3-44）~公式（3-53），采用自适应布谷鸟搜索算法计算模型绝对鲁棒时的最优网络规划方案。同时由于三个目标无法同时实现最优，这是由于在不同目标下，设施的设计、运输方式和路径选择都会存在冲突，但存在多个可行的解，因此为在多个可行解中获得综合最优方案，本书在前述章节中引入多目标模糊优化理论，构建各目标隶属度函数，以网络总体满意度的值作为最优决策方案依据。

为获得各子目标函数的模糊隶属度值，决策者需要基于实际情况和自身偏好对各规模下允许的最大偏差 θ_i 进行取值，具体取值如表 4-22 所示。

表 4-22　决策者允许的最大偏差 θ_i

网络成本最大偏差/元	网络碳排放最大偏差/kg	网络满意度损失
25000	10000	850

在满足所有约束条件的前提下，最大总体满意度值对应的解为网络最优解，最优解对应的方案为最优网络规划方案。对不确定扰动系数 ξ 分别取 2%、5%、10%、20%，以上各扰动系数对应的供应链网络最优方案的具体结果如表 4-23 所示。

表 4-23　不同 ξ 值下闭环供应链网络最优规划方案

ξ/%	最优目标函数			最优选择方案			
	*Z*1/元	*Z*2/kg	*Z*3	I	J	L	N
2	5203131	343805	7799	1，2，3	1，2，3，4	2，3，4	2，3
5	5204569	344345	7888	1，2，3	1，2，3，5	1，2，3	1，3
10	5209637	345338	8042	1，2，3	1，3，4，5	1，2，3	1，3
20	5212188	346468	8308	1，2，3	2，3，4，5	1，2，3，4	1，2，3

不确定扰动系数 $\xi=2\%$ 时，各节点间流量分配方案具体如表 4-24 所示，相应的规划方案图如图 4-19 所示。

表 4-24　各节点间流量分配方案

网络节点	连续决策变量							
制造中心-分销中心 X_{imj}	X_{131}	X_{222}	X_{223}	X_{323}	X_{334}			
数值/件	47	4029	1599	3503	5197			
分销中心-市场 X_{jmk}	Y_{123}	Y_{116}	Y_{213}	Y_{234}	Y_{335}	Y_{317}	Y_{421}	Y_{412}
数值/件	1880	2820	1005	3024	2408	2694	2774	2423
市场-回收中心 X_{kml}	Z_{133}	Z_{233}	Z_{314}	Z_{432}	Z_{512}	Z_{623}	Z_{724}	
数值/件	1720	1182	1673	1966	1373	1427	1778	
回收中心-废旧点 X_{lmn}	W_{223}	W_{312}	W_{432}					
数值/件	1402	1818	1449					
回收中心-制造中心 X_{lmi}	V_{222}	V_{323}	V_{423}					
数值/件	1937	2511	2002					

注：未在表中给出具体值的连续决策变量均为零。

不确定扰动系数 $\xi=5\%$ 时，各节点间流量分配方案具体如表 4-25 所示，相应的规划方案图如图 4-20 所示。

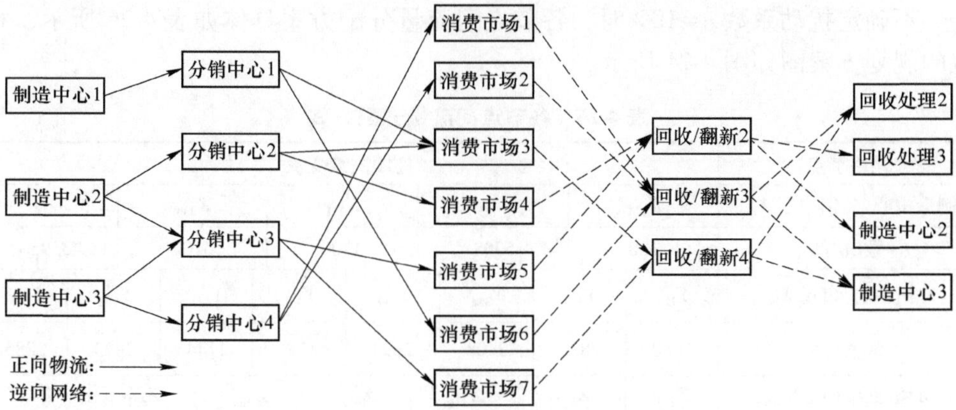

图 4-19 $\xi=2\%$时最优闭环供应链网络结构

表 4-25 各节点间流量分配方案

网络节点	连续决策变量							
制造中心-分销中心 X_{imj}	X_{124}	X_{135}	X_{231}	X_{333}	X_{314}			
数值/件	320	5308	4700	5102	3598			
分销中心-市场 X_{jmk}	Y_{124}	Y_{116}	Y_{335}	Y_{317}	Y_{431}	Y_{424}	Y_{532}	Y_{533}
数值/件	1880	2820	2408	2694	2774	1144	2423	2885
市场-回收中心 X_{kml}	Z_{133}	Z_{233}	Z_{331}	Z_{412}	Z_{532}	Z_{621}	Z_{732}	
数值/件	1892	1764	2033	2089	1642	1881	1672	
回收中心-废旧点 X_{lmn}	W_{131}	W_{223}	W_{323}					
数值/件	1762	2435	1625					
回收中心-制造中心 X_{lmi}	V_{112}	V_{222}	V_{333}					
数值/件	2152	2968	2031					

注：未在表中给出具体值的连续决策变量均为零。

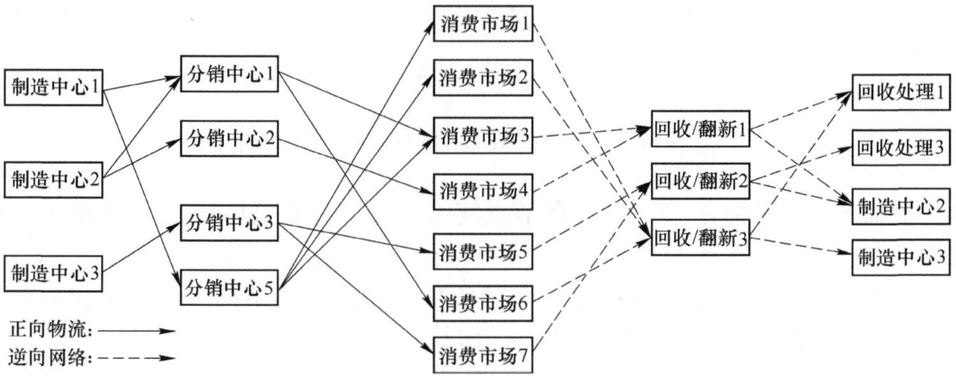

图 4-20 $\xi=5\%$时最优闭环供应链网络结构

不确定扰动系数 $\xi=10\%$时，各节点间流量分配方案具体如表 4-26 所示，相应的规划方案图如图 4-21 所示。

表 4-26　各节点间流量分配方案

<table>
<tr><td>网络节点</td><td colspan="8">连续决策变量</td></tr>
<tr><td>制造中心-分销中心 X_{imj}</td><td>X_{124}</td><td>X_{135}</td><td>X_{231}</td><td>X_{333}</td><td>X_{314}</td></tr>
<tr><td>数值/件</td><td>320</td><td>5308</td><td>4700</td><td>5102</td><td>3598</td></tr>
<tr><td>分销中心-市场 X_{jmk}</td><td>Y_{124}</td><td>Y_{116}</td><td>Y_{335}</td><td>Y_{317}</td><td>Y_{431}</td><td>Y_{424}</td><td>Y_{532}</td><td>Y_{533}</td></tr>
<tr><td>数值/件</td><td>1880</td><td>2820</td><td>2408</td><td>2694</td><td>2774</td><td>1144</td><td>2423</td><td>2885</td></tr>
<tr><td>市场-回收中心 X_{kml}</td><td>Z_{133}</td><td>Z_{233}</td><td>Z_{331}</td><td>Z_{412}</td><td>Z_{532}</td><td>Z_{621}</td><td>Z_{732}</td></tr>
<tr><td>数值/件</td><td>1892.00</td><td>1764</td><td>2033</td><td>2089</td><td>1642</td><td>1881</td><td>1672</td></tr>
<tr><td>回收中心-废旧点 X_{lmn}</td><td>W_{131}</td><td>W_{223}</td><td>W_{323}</td></tr>
<tr><td>数值/件</td><td>1762</td><td>2435</td><td>1625</td></tr>
<tr><td>回收中心-制造中心 X_{lmi}</td><td>V_{112}</td><td>V_{222}</td><td>V_{333}</td></tr>
<tr><td>数值/件</td><td>2152</td><td>2968</td><td>2031</td></tr>
</table>

注：未在表中给出具体值的连续决策变量均为零。

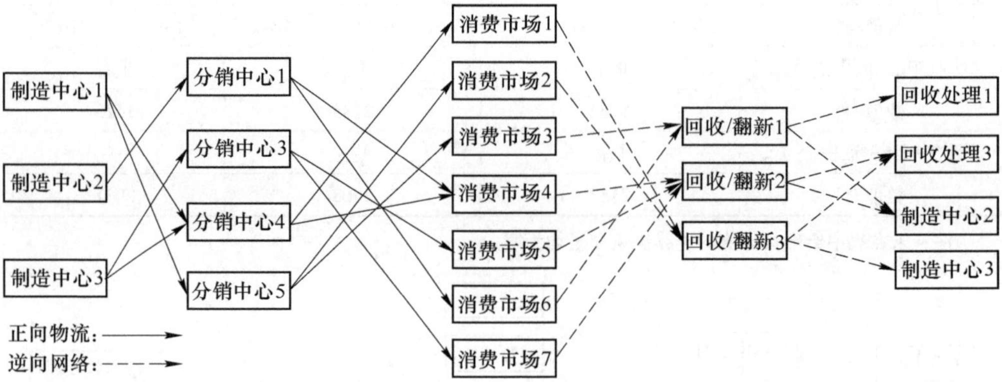

图 4-21　$\xi=10\%$时最优闭环供应链网络结构

不确定扰动系数 $\xi=20\%$时，各节点间流量分配方案具体如表 4-27 所示，相应的规划方案图如图 4-22 所示。

由表 4-23 数据和图 4-19～图 4-22 的闭环供应链网络结构可知，随着不确定水平的增加，闭环供应链网络总成本、碳排放量以及顾客满意度损失都随之增加，设施选址、节点流量和运输方式随着不确定扰动系数的变化而改变。

表 4-27 各节点间流量分配方案

网络节点	连续决策变量							
制造中心-分销中心 X_{imj}	X_{135}		X_{212}		X_{333}		X_{324}	
数值/件	5308		5200		5228		3292	
分销中心-市场 X_{jmk}	Y_{221}	Y_{234}	Y_{335}	Y_{316}	Y_{431}	Y_{417}	Y_{532}	Y_{533}
数值/件	2176	3024	2408	2820	598	2694	2423	2885
市场-回收中心 X_{kml}	Z_{134}	Z_{233}	Z_{311}	Z_{432}	Z_{522}	Z_{621}	Z_{714}	
数值/件	2044	1823	1841	2548	1880	2005	1797	
回收中心-废旧点 X_{lmn}	W_{121}		W_{213}		W_{322}		W_{432}	
数值/件	1462		1723		693		1583	
回收中心-制造中心 X_{lmi}	V_{132}		V_{212}		V_{333}		V_{423}	
数值/件	2384		2705		1130		2258	

注：未在表中给出具体值的连续决策变量均为零。

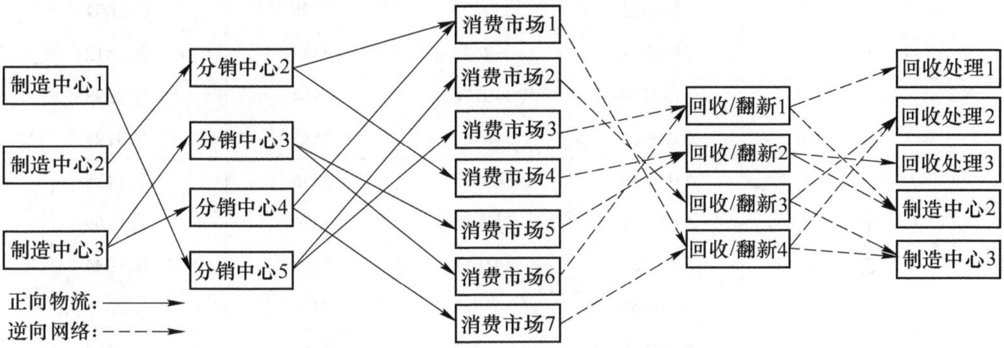

图 4-22 $\xi=20\%$时最优闭环供应链网络结构

4.5.2 敏感性分析

4.5.2.1 多因素扰动

结合本书供应链网络结构和模型可知，考虑网络需求、生产价格和回收率不确定的供应链网络的鲁棒控制系数的取值范围在［0，20］之间（$\Gamma=\Gamma_{D_k}+\Gamma_{mc1_i}+\Gamma_{mc2_i}+\Gamma_{\tau_k}$），不确定扰动系数 ξ 分别取 2%、5%、10%、20%，采用 ACS 算法求解得不同鲁棒控制系数和不同扰动系数下的函数目标值及相应的约束违反概率，其具体结构如表 4-28 所示。

表 4-28　鲁棒控制系数和扰动系数对目标函数和约束违反率的影响结果分析

鲁棒系数	扰动系数/%	目标函数			约束违反概率
		网络总成本/元	网络总碳排量/kg	网络顾客满意度	
0	2	5185504	333840	6825	0. 755
	5				0. 8102
	10				0. 891
	20				0. 957
2	2	5188881	336081	7025	0. 5224
	5	5189076	336165	7038	0. 5688
	10	5189496	336436	7073	0. 6427
	20	5190084	336880	7116	0. 6860
4	2	5191948	337856	7198	0. 3474
	5	5192405	337994	7223	0. 3874
	10	5193640	338439	7278	0. 4515
	20	5194407	338963	7352	0. 4853
6	2	5194362	339423	7348	0. 2092
	5	5194974	339626	7387	0. 2412
	10	5197234	340170	7454	0. 2993
	20	5198066	340767	7555	0. 3297
8	2	5196539	340693	7475	0. 1118
	5	5197271	340970	7526	0. 1369
	10	5200589	341653	7607	0. 1834
	20	5201468	342342	7734	0. 2035
10	2	5198620	341777	7582	0. 0464
	5	5199397	342100	7641	0. 0636
	10	5203602	342852	7740	0. 0156
	20	5204654	343661	7893	0. 0294
12	2	5200550	342588	7667	0. 0436
	5	5201399	342949	7733	0. 0505
	10	5205950	343827	7843	0. 5013
	20	5207561	344758	8035	0. 5414
14	2	5201851	343191	7727	0. 0032
	5	5203071	343590	7799	0. 0153
	10	5207776	344508	7924	0. 0232
	20	5209735	345492	8143	0. 0261

续表 4-28

鲁棒系数	扰动系数/%	目标函数			约束违反概率
		网络总成本/元	网络总碳排量/kg	网络顾客满意度	
16	2	5202690	343565	7761	0.0011
	5	5203965	344019	7844	0.0114
	10	5208907	344940	7983	0.0129
	20	5211275	345992	8223	0.0135
18	2	5203081	343737	7785	0.0009
	5	5204503	344254	7871	0.0095
	10	5209550	345225	8017	0.0121
	20	5212010	346310	8274	0.0129
20	2	5203131	343805	7799	0.0000
	5	5204569	344345	7888	0.0000
	10	5209637	345338	8042	0.0000
	20	5212188	346468	8308	0.0000

不同扰动系数影响下目标函数值和约束违反概率随鲁棒控制系数的变化情况如图 4-23 所示。图 4-23 的前 3 个子图的纵坐标为各子目标函数值相对于确定模型的目标函数值的增量，横坐标表示鲁棒控制系数值的取值；第 4 个子图表示网络鲁棒控制系数的取值变化对不确定约束违反概率的影响。通过观察分析表 4-28 的数据和图 4-23 的曲线变化情况可知，约束违反概率随着鲁棒控制系数的增大而减小，鲁棒控制系数越大模型的鲁棒性越强，相对于确定模型（$\Gamma=0$），鲁棒模型的网络总成本、碳排放量和满意度损失都会随着鲁棒系数的增加而增大，即如果需要保持供应链网络鲁棒需付出相应的鲁棒代价，鲁棒性越强，需要付出的鲁棒成本就越高。此外不确定参数的扰动范围增加，导致网络的鲁棒代价进一步增加，这是因为在相同的鲁棒控制系数下，相对于小范围的扰动，大范围扰动会显著增加约束违反概率，因而需要付出更大的鲁棒代价以使网络保持鲁棒。当模型接近绝对鲁棒时（$\Gamma=20$），相同扰动水平下的鲁棒成本基本开始稳定，此时不确参数的扰动范围依旧影响各目标函数值，但对约束违反概率的影响开始减弱，直至衰减为零。因此在实际应用中，决策者可以根据实际情况灵活的调整鲁棒控制系数，以适当的鲁棒成本，换取系统更加稳定的运营，实现系统鲁棒性和经济性的协调。

4.5.2.2 单因素扰动

闭环供应链网络受多种不确定因素的影响，但不同的因素对网络系统的影响是不同的。一般来说，决策者不可能同时平衡所有的不确定性，因此有必要确定

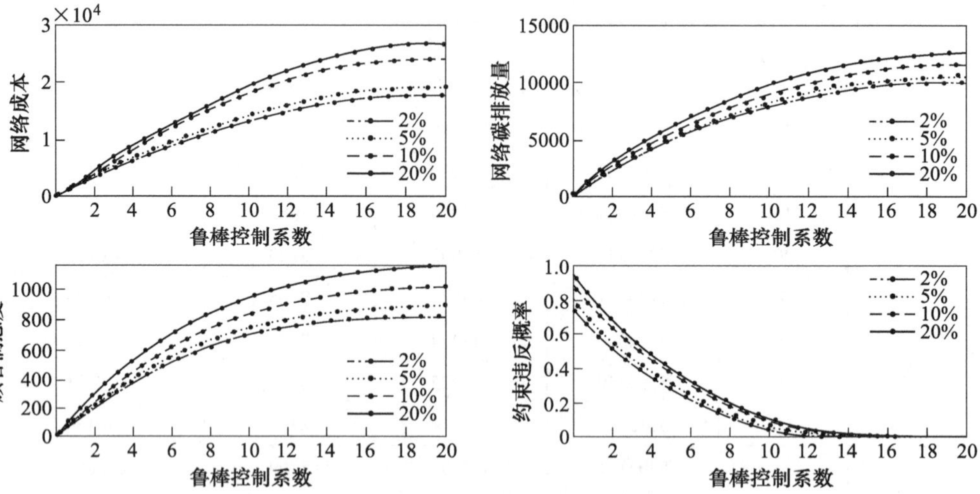

图 4-23　鲁棒控制系数和扰动系数的变化对目标函数和约束违反概率的影响

其中最具影响力的不确定因素，并给予优先考虑。由于网络成本的目标函数中同时包括需求、生产价格和回收率等参数，因此在分析单因素扰动对供应链网络的影响时，以最小闭环供应链的网络成本为目标函数，采用改变一个不确定参数和保持其他不确定参数不变的策略，分析了不确定因素对网络成本的影响。图 4-24 显示了市场需求、生产价格和回收率对网络成本的影响。

从图 4-24 可以看出，市场需求、生产成本和回收率的变动会对供应链网络成本产生影响，且影响程度与扰动水平正相关。通过对比可知，不确定市场需求的变动对闭环供应链网络总成本的影响最为显著，其次是产品生产价格和产品回收率，市场需求的扰动对供应链网络成本影响显著的原因在于，当市场需求增大

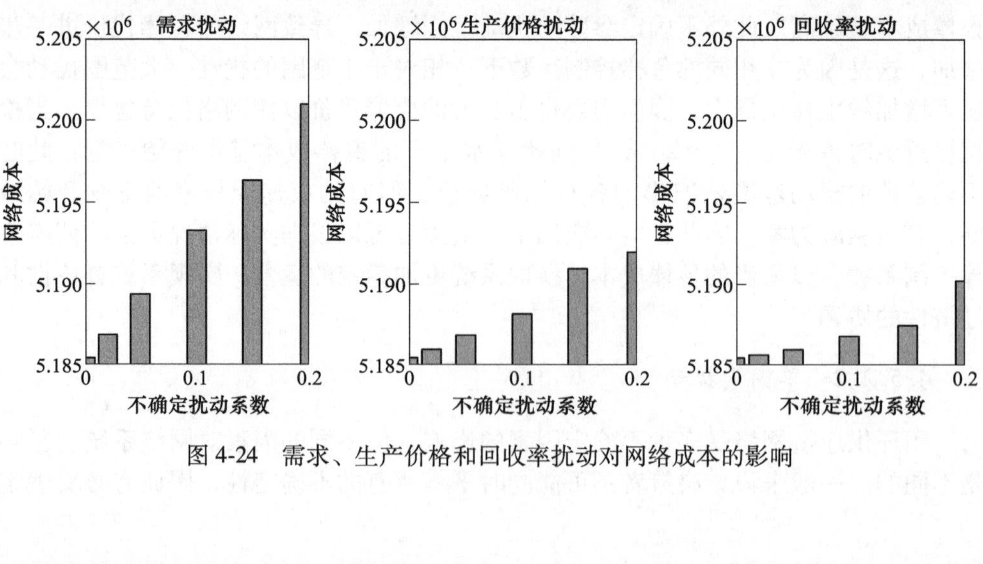

图 4-24　需求、生产价格和回收率扰动对网络成本的影响

时，供应链网络的生产总成本、运输总成本、回收总成本都会进一步增加；而生产成本和回收率的增加主要导致生产总成本的增加、回收总成本和逆向运输成本的增加。综上，在企业的实际运作过程中，必须对市场需求因素进行详细分析，增加产品市场需求的预测力度，提高预测方法的预测精度，从而减少由不确定需求引起网络的扰动。

5 基于 DWOA 的绿色闭环供应链网络鲁棒模糊优化设计

5.1 鲁棒模糊理论

国内外学者在处理不确定性问题时，通常采取随机规划、模糊规划和鲁棒优化的方法。随机规划是根据数据本身的不可预测性质，使用分布函数来描述不确定因素，建立相关模型。但由于其常常需要根据一些有限的历史数据和规划者的经验来获得相关结论，因而具有一定局限性。所以越是大规模的问题，使用随机规划分析，误差相比会略大一些。因此，在处理大规模不确定性问题时，鲁棒优化和模糊处理更受学者们青睐。

5.1.1 鲁棒优化理论

在解决不确定性规划问题时鲁棒优化方法受越来越多的学者追捧。其以“集合”的形式描述数据的不确定性，但却可以不需要细致掌握数据概率分布的详细信息。由此方法得出的模型最优解，其对于给定“集合”范围内不确定参数的任意观测值都可行且求解结果更加精准。学者 Mulvey 等[32]、Bental-TalBert 等[33,34]、Bertsimas 和 Sim[35,36] 提出了三种常用的鲁棒优化模型框架，方式各不相同。Mulvey 等提出的鲁棒优化模型框架是基于情景分析的，该方法中不确定参数或事件用已知概率分布的离散情景进行表达；Bental-Tal 等和 Bertsimas 等提出的鲁棒优化方法是基于区间分析的，采用一个对称的有界区间表述数据的不确定性。其优势是不必知道不确定参数准确的概率分布函数，而其不足之处在于求解结果无法详细提供。下面简要介绍 Mulvey 等提出的鲁棒优化模型框架：

$$\min c^T + d^T y \tag{5-1}$$

s. t.

$$Ax = b \tag{5-2}$$

$$Bx = Cy = e \tag{5-3}$$

$$x,\ y \geqslant 0 \tag{5-4}$$

x 是待设计的变量，其可以合理的实现不确定参数的所有最优解。y 作为控制变量，可在 x 实现后进行微调。待确定的参数是 d，B，C，e，而参数 c^T，A，b 是事先预定好的。假设，$S = \{1,\ 2,\ \cdots,\ s\}$ 这个有限情景集合表示不确定性参数，在情景S下的每个不确定参数中的一组观测值 $\{d_s;\ B_s;\ C_s;\ e_s\}$ ，设定 P_s为情景概率，并符合式子 $\sum P_s=1$。结构的约束符合公式（5-2），式中的参数都是预先确定的，控制的约束符合公式（5-3），其作用在于可以约束其中的参数均依赖于情景的实现。偏差变量 δ_s 的引入，可解决控制约束在确定情景下不可行的问题，所以，用其来衡量情景 $s\in S$ 下控制约束的不可行性。建立的鲁棒优化模型如下：

$$\min\sigma(x,\ y_1,\ y_2,\ \cdots y_s)+\omega p(\sigma_1,\ \sigma_2,\ \cdots,\ \sigma_s) \tag{5-5}$$

s. t.

$$Ax=b \tag{5-6}$$

$$B_s+C_s y_s+\delta_s=e_s,\ \ \forall s\in S \tag{5-7}$$

$$x\geqslant 0,\ y_x\geqslant 0,\ \delta_a\geqslant 0,\ \forall s\in S \tag{5-8}$$

Mulvey 等人提出的鲁棒模型需要同时考虑结果鲁棒和求解模型鲁棒两个方向。求解结果的鲁棒性，要求在任意情景 s 下，所有的解都可以约等于最优解；求解模型的鲁棒性，要求在任意情景 s 下，所有的解均可认为约等于可行解。目标函数中的第一项 $\xi_s=c^Tx+d^Ty$ ，是一个基于 s 的随机变量，以概率 P_s 实现。而第二项中 ω 是协调求解结果和求解模型的权重值，第二项整体为不可行的惩罚函数，用以控制约束不可行。解的鲁棒性具体如下所述：

$$\sigma(\cdot)=\sum_{s\in S}P_s\xi_s+\lambda\sum_{s\in S}P_s\left(\xi_s-\sum_{s\in S}P_s\xi_s\right)^2 \tag{5-9}$$

式（5-9）中第一项为均值，第二项为常数 λ 和方差的乘积，λ 表示权重系数，用以解决求解结果对情景的变化不够灵敏的问题。而现有求解式中存在非线性的部分，使得求解异常困难，因此 Yu 和 Li[37]（2000）提出了用 $\sum_{s\in S}P_s\left|\xi_s-\sum_{s'\in S}P_s\xi_s\right|$ 来代替 $\sum_{s\in S}P_s\left(\xi_s-\sum_{s\in S}P_s\xi_s\right)^2$，而 $\sum_{s\in S}P_s\left|\xi_s-\sum_{s'\in S}P_s\xi_s\right|$ 可转换成如下线性形式：

$$\min P_s\xi_s+\lambda\sum_{s\in S}P_s\left[\left(\xi_s-\sum_{s'\in S}P_s\xi_{s'}\right)+2\,\theta_s\right] \tag{5-10}$$

s. t.

$$\xi_s-\sum_{s'\in S}P_{s'}\xi_{s'}+\theta_s\geqslant 0,\ \ \forall s\in S \tag{5-11}$$

$$\theta_s\geqslant 0,\ \ \forall s\in S \tag{5-12}$$

5.1.2 模糊处理理论

模糊方法在解决数据本身不准确的问题上具有强大的优势，学者一般采用三角模糊数或者梯形模糊数来处理不确定性问题，从而得到不确定性模型。模糊处理的隶属度函数作为求解模糊方法的重要部分，其准确性可直接影响求解结果取值的偏差。因此，在模型求解时，一般将模糊模型转化为确定型的等价模型。

1978 年 Zadeh[38]就提出了可能性测度和必要性测度来衡量事件的不确定性。但由于其缺乏对偶性且结果大多为极端值，Liu[39]在 2002 年就提出了可信性测度来填补必要性测度和可能性测度的短缺。在近年来的文献中也多有应用[40]。

5.1.2.1　可信性测度介绍

若 ξ 是一个隶属度函数为 μ 的模糊数，r 是任意实数。模糊事件 $\xi \leqslant r$ 的可能性测度、必要性测度和可信测度分别为：

$$Me\{\xi \leqslant b\} = Nec\{\xi \leqslant b\} + \lambda(Pos\{\xi \leqslant r\} - Nec\{\xi \leqslant r\}) \tag{5-13}$$

$$Pos(A) = Sup_{u \leqslant b}\mu(u) \tag{5-14}$$

$$Nec(A) = 1 - Sup_{u \leqslant b}\mu(u) \tag{5-15}$$

5.1.2.2　可信性分布

与概率论中随机变量的概率分布相似，在可信性理论中，模糊变量也有其可信性分布，其定义如下：

定义 5.1：（Liu[41]）若 ξ 为可信性空间的一个模糊变量，其可信性分布：

$$\Phi\text{：}R \in [0,1]\text{，定义为 }\Phi(\lambda) = Cr\{\theta \mid \theta \leqslant \lambda\} \tag{5-16}$$

一个三角形模糊数 ξ，以三元组（a，b，c）的形式表示，其中 a，b，c 均为实数且满足 $a<b<c$，则 ξ 的可信性分布函数为：

$$\Phi(\lambda)\begin{cases} 0 & \text{当 } \lambda \leqslant a \\ \dfrac{\lambda - a}{2(b-a)} & \text{当 } a < \lambda \leqslant b \\ \dfrac{\lambda + c - 2b}{2(c-b)} & \text{当 } b < \lambda \leqslant c \\ 1 & \text{当 } \lambda > c, \end{cases} \tag{5-17}$$

定义 5.2：若一个模糊变量的可信性分布 $\Phi(\lambda)$ 对于 λ 在 $0 < \Phi(\lambda) < 1$ 上是连续且严格单调递增的，则称分布 Φ 是规则的，该模糊变量是一个规格的模糊变量[42]。显然，对于一个规格的可信性分布 Φ，它的逆函数 Φ^{-1} 存在，并且在区间（0，1）上连续且严格递增，称 Φ^{-1} 为模糊数 ξ 的逆可信性分布。根据上述定义，常用的三角模糊数、高斯模糊数和柯西模糊数都是规则的模糊数。规则的可信性分布 Φ 存在且在区间（0，1）上严格递增。

以上三角模糊数 $\xi \sim \tau(a, b, c)$ 为例，其逆可信性分布可以表示为：

$$\Phi^{-1}(\alpha) = \begin{cases} 2(b-a)\alpha + a & \text{当 } 0 \leqslant \alpha < 0.5 \\ 2(c-b)\alpha + 2b - c & \text{当 } 0.5 \leqslant \alpha \leqslant 1 \end{cases} \tag{5-18}$$

为减弱模型中的不确定性，本书采用模糊规划方法对已建模型和约束进行模糊处理。以往文献的模糊测度均采用极端值表示，*NEC* 为必要性测度值，代表极度悲观值；*POS* 为可能性测度值，代表极度乐观值。但此类方法数据测定不够准确，而本书的模糊测度采用 Sodhi 等人[43]提出的 Me 测度法，此类方法能够实现在两个极端值间灵活变化，减小结果的误差性。具体定义如下[44]：

$$\mathrm{Me}\{\xi \leqslant b\} = \mathrm{Nec}\{\xi \leqslant b\} + \lambda(\mathrm{Pos}\{\xi \leqslant r\} - \mathrm{Nec}\{\xi \leqslant r\}) \tag{5-19}$$

$$\text{其中 } \mathrm{Pos}(A) = \mathrm{Sup}_{u \leqslant b}\mu(u) \tag{5-20}$$

$$\mathrm{Nec}(A) = 1 - \mathrm{Sup}_{u \leqslant b}\mu(u) \tag{5-21}$$

式中，λ 为乐观-悲观调整参数（$0 \leqslant \lambda \leqslant 1$）；$\xi$ 为决策变量；b 为实数；$\mu(u)$ 为隶属度函数。采用三角模糊数 $\tilde{\xi} = (\xi_1, \xi_2, \xi_3)$ 对 Me 测度进行定义，具体 Me 测度表达式如下式：

$$\mathrm{Me}(r \leqslant \tilde{\xi}) \begin{cases} 1 & (r \leqslant \xi_1) \\ \lambda + \dfrac{(1-\lambda)(\xi_2 - \lambda)}{\xi_2 - \xi_1} & (\xi_1 < r \leqslant \xi_2) \\ \lambda \dfrac{\xi_3 - r}{\xi_3 - \xi_2} & (\xi_2 < r \leqslant \xi_3) \\ 0 & (r > \xi_3) \end{cases} \tag{5-22}$$

其中 $\lambda = 1$ 时，Me=Pos，$r \leqslant \xi_2 + (1 - \gamma_t)(\xi_3 - \xi_2)$，此时为积极态度；当 $\lambda = 0$ 时，Me=Pos，$r \leqslant \xi_2 + \gamma_t(\xi_2 - \xi_1)$ 此时为消极态度；当 $\lambda = 0.5$ 时，Me=Cr，$r \leqslant \xi_2 + (1 - 2\gamma_t)(\xi_2 - \xi_1)$，此时为折中态度。公式（5-23）表示三者之间取值关系。

$$\mathrm{Nec}\{r \leqslant \tilde{\xi}\} \leqslant \mathrm{Cr}\{r \leqslant \tilde{\xi}\} \leqslant \mathrm{Pos}\{r \leqslant \tilde{\xi}\} \tag{5-23}$$

5.2 多目标问题处理

CLSCDN 中网络成员较多且关系复杂，利益关系也非常复杂，在整个 CLSC 设计过程中，多个目标的问题往往是需要设计者考虑的。因此，如何将多目标问题处理得又快又精准，成为了多目标 CLSC 设计中的不可或缺的部分。

5.2.1 多目标理论

多项目标函数及一系列等式（不等式）约束组成了多目标优化模型，具体描述如下：

$$\min f = (f_1(x), f_2(x), f_3(x), \cdots, f_m(x)) \tag{5-24}$$

$$\text{s.t.} \quad g_k(x) \leqslant 0, \ k = 1, 2, 3, \cdots, K \tag{5-25}$$

$$h_j(x) = 0, \ j = 1, 2, 3, \cdots, J \tag{5-26}$$

式中，$f_m(x)$，$x \in \{1, 2, 3, \cdots, m\}$ 为目标函数；x 为决策变量；m 为目标函数

个数；$g_k(x)$、$h_j(x)$ 分别为不等式和等式约束函数。多目标优化的目标是在满足约束条件的可行解中，寻求一个能够使多个目标函数达到最优的解，即 Pareto 最优解。

在求解多目标问题时，由于目标之间的互相影响，经常出现损失几个目标而达到全局最优的情况。因此，不可能存在一个满足所有目标的解，只是在所有解中能够达到折中效果的解，尽量使所有目标均达到最优。同时，由于不同目标间的情况均不相同，不同解的好坏很难判别。因此，多目标优化问题不只存在一组 Pareto 最优解，可能有多个解集，多个最优解集构成一个集合，称之为 Pareto 最优解集或非支配解集。

（1）Pareto 支配。满足约束条件的可行解 x_1，x_2(x_1，$x_2 \in X$，X 为可行域)，当且仅当 $\forall i \in \{1, 2, 3, \cdots, m\}$，$f_i(x_1) f_i(x_2)$，且 $\exists i \in \{1, 2, 3, \cdots, m\}$，使 $f_i(x_1) < f_i(x_2)$，则称 x_1Pareto 支配 x_2(记为 $x_1 < x_2$)。

（2）Pareto 最优解。Pareto 最优解 $x^* \in X$，当且仅当 $\exists x^* \in X$，$x' < x^*$。

（3）Pareto 最优解集。Pareto 最优解集（P^*）由所有 Pareto 最优解构成，即 $p^* = \{x^* \in X|，\exists x^* \in X, x' < x^*\}$。

5.2.2　多目标优化算法

传统的多目标优化方法拥有模型简单、计算简约且速度快的优点，是将多目标问题转换为单目标问题求解的一种方法。约束法和加权求和法是以往学者最常用方法。

5.2.2.1　约束法

约束法是以目标函数最小化为主要目标，并将剩余的目标函数转换为不等式约束，其约束界限由决策者偏好确定，具体公式描述如下：

$$\min f_{i_0}(x) \tag{5-27}$$

$$\text{s.t.} \quad f_i(x) \leqslant \varepsilon_i, \ i = 1, 2, 3, \cdots, m, \ i \neq i_0 \tag{5-28}$$

$$g_k(x) \leqslant 0, \ k = 1, 2, 3, \cdots, K \tag{5-29}$$

$$h_j(x) = 0, \ j = 1, 2, 3, \cdots, H \tag{5-30}$$

其中，主目标函数为 $f_{i_0}(x)$，ε_i 是以决策者偏好为决策标准的，事先预定的标准约束值，通过调节 ε_i 的取值，可得出多组 Pareto 最优解。

5.2.2.2　加权求和法

1955 年，Gass and Saaty 提出加权求和法，是以决策者的偏好作为评估标准，衡量目标的重要性，通过对每一个目标权重取值，将各目标乘以各自的权重再相加，将复杂问题转化为单目标问题，以找到所有目标的权重以及所有目标的最佳

答案为终极目的。具体公式描述如下:

$$\min F(x) = \sum_{i=1}^{m} \omega_i f_i(x) \tag{5-31}$$

s. t.

$$g_k(x) \leqslant 0,\ k = 1,\ 2,\ 3,\ \cdots,\ K \tag{5-32}$$

$$h_j(x) = 0,\ j = 1,\ 2,\ 3,\ \cdots,\ H \tag{5-33}$$

其中,权重系数 $\omega_i \in [0,\ 1]$,符合式子 $\sum_{i=1}^{m} \omega_i = 1$,如果调整权重系数 ω_i ,便能获得原问题基于 Pareto 的一组最优解。

5.3 鲸鱼算法与差分鲸鱼算法

5.3.1 鲸鱼算法

鲸鱼算法(WOA)的基本思想是通过模拟鲸鱼独特的捕食行为和社会行为进行优化,以下为具体过程的数学模型。

5.3.1.1 包围猎物

该阶段选择一个搜索代理,将其定义为前一代中的最佳解决方案。其他搜索代理试图避开最优代理来实现全局搜索,具体描述如下:

$$\vec{\boldsymbol{D}} = |\vec{\boldsymbol{c}} \cdot \vec{\boldsymbol{x}}'(t) - \vec{\boldsymbol{x}}(t)| \tag{5-34}$$

$$\vec{\boldsymbol{x}}(t+1) = \vec{\boldsymbol{x}}'(t) - \vec{\boldsymbol{A}} \cdot \vec{\boldsymbol{D}} \tag{5-35}$$

式中,t 为当前迭代次数;$\vec{\boldsymbol{A}}$ 和 $\vec{\boldsymbol{C}}$ 为系数向量;$\vec{\boldsymbol{x}}(t)$ 是当前鲸鱼位置向量,$\vec{\boldsymbol{x}}'(t)$ 是当前鲸鱼最优的位置向量,$\vec{\boldsymbol{x}}(t-1)$ 是上一代最佳鲸鱼位置向量。系数向量 $\vec{\boldsymbol{A}}$ 和 $\vec{\boldsymbol{C}}$ 的计算如下:

$$\vec{\boldsymbol{A}} = 2\vec{\boldsymbol{a}} \cdot \vec{\boldsymbol{r}} - \vec{\boldsymbol{a}} \tag{5-36}$$

$$\vec{\boldsymbol{C}} = 2\vec{\boldsymbol{r}} \tag{5-37}$$

5.3.1.2 泡沫网攻击

鲸鱼在捕食的时候通常采用先螺旋包围再进行捕猎的方法。在这一阶段讨论了两种方法,收缩环和螺旋更新位置。收缩环的机制与全局搜索相似,并取值 $\vec{\boldsymbol{A}}[-1,\ 1]$,另一种方法是螺旋更新位置,根据当前位置和最优代理构造对数螺旋曲线,使得搜索代理逐步逼近最佳位置。具体描述如下:

$$\vec{\boldsymbol{D}}' = |\vec{\boldsymbol{x}}'(t) - \vec{\boldsymbol{x}}(t)| \tag{5-38}$$

$$\vec{\boldsymbol{x}}(t+1)=\vec{\boldsymbol{D}}'\cdot e^{rg}\cos(2\pi g)+\vec{\boldsymbol{x}}'(t) \tag{5-39}$$

$$\vec{\boldsymbol{x}}(t+1)=\begin{cases}\vec{\boldsymbol{x}}(t)-\vec{\boldsymbol{A}}\cdot\vec{\boldsymbol{D}},\ Y<0.5\\ \vec{\boldsymbol{x}}'(t)+e^{rg}\cos(2\pi g)+\vec{\boldsymbol{D}}',\ Y\geqslant 0\end{cases} \tag{5-40}$$

式中，r 是描述螺旋形状的数值；g 在 $[-1,\ 1]$ 之间随机取值；Y 是用于确定选择搜索环绕还是螺旋更新位置的因子。

5.3.1.3　搜索猎物

搜索猎物采取鱼群随机性位置更新的方法，数学模型如下：

$$\vec{\boldsymbol{D}}'=|\vec{\boldsymbol{C}}\cdot\vec{\boldsymbol{x}}_{\mathrm{rand}}-\vec{\boldsymbol{x}}(t)| \tag{5-41}$$

$$\vec{\boldsymbol{x}}(t+1)=\vec{\boldsymbol{x}}_{\mathrm{rand}}-\vec{\boldsymbol{A}}\cdot\vec{\boldsymbol{D}} \tag{5-42}$$

式中，$\vec{\boldsymbol{X}}_{\mathrm{rand}}$ 是随机所得的位置向量，如果 $\vec{\boldsymbol{A}}$ 超出 $[-1,\ 1]$ 的范围，就通过随机寻找鲸鱼个体，并根据个体的方位，排查其他鲸鱼位置，面向全局搜索找到合适的猎物。

原始鲸鱼算法的不足主要表现在收敛精度低且速度慢以及容易陷入局部最优等，基于此，本书将差分算法的交叉变异方法应用到传统鲸鱼算法中，得到改进型差分鲸鱼算法（DWOA）。利用差分算法中的变异策略替代 WOA 算法中的随机选择策略，免去了参数 D 对于随机搜索的影响。与此同时，在 WOA 算法进行随机选择新个体时，有效地利用了差分算法的交叉策略，使 DWOA 搜索速度更快且种群更具多样性。

5.3.2　差分鲸鱼算法

DWOA 的具体改进策略如下：

变异策略：

$$V_{i1,\ j}=X_{\mathrm{gbest},\ j}+F\times\mathrm{rand}(X_{r1,\ j}-X_{r2,\ j}) \tag{5-43}$$

X_{gbest} 为当前种群最优位置；X_{r1}，X_{r2} 为种群随机个体；$r\in[0,\ 1]$；F 为变异常数且 $F>0$。

交叉策略：

$$U_{ij}=\begin{cases}V_{ij},\ \mathrm{rand}<CR\\ d_{j,\min}+r\times(d_{j,\max}-d_{j,\min}),\ 其他\end{cases} \tag{5-44}$$

$$F_y=F_{\min}+\frac{F_{\max}-F_{\min}}{\frac{\pi}{2}}\arctan y \tag{5-45}$$

$$CR_y = CR_{y\max} - \frac{CR_{y\max} - CR_{y\min}}{Y_{\max}} y \tag{5-46}$$

式中，$Y_{\max}$ 为最大迭代次数；$r \in [0,\ 1]$；CR 为交叉概率。综上所述，DWOA 的流程图如图 5-1 所示。

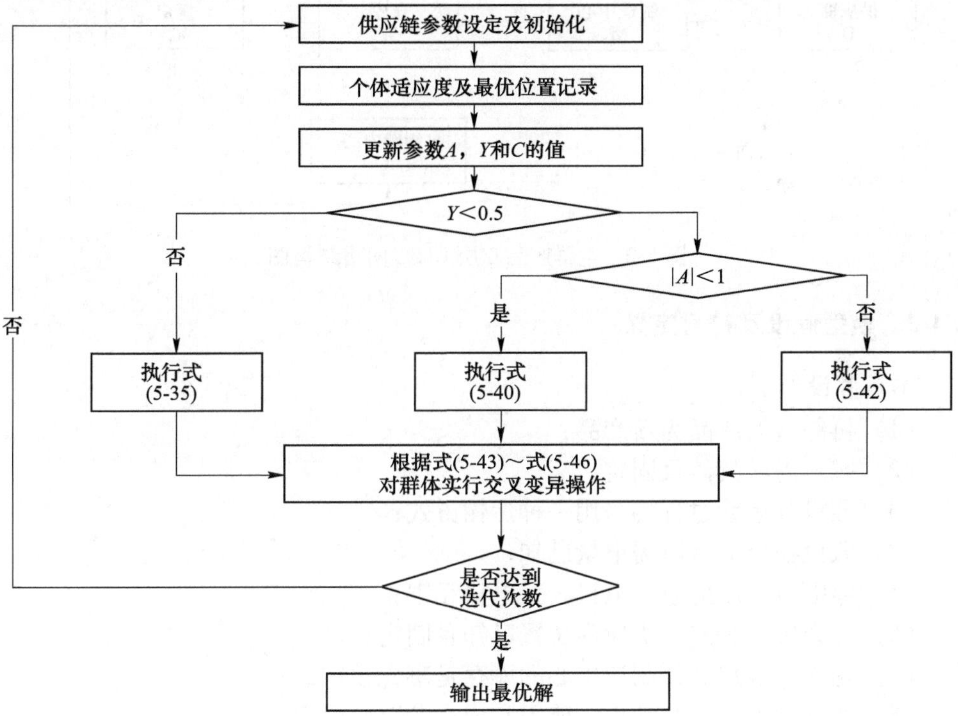

图 5-1　DWOA 流程图

5.4　绿色闭环供应链网络模型建立

5.4.1　问题描述

本章研究某生鲜公司的一个多层级、多周期、多产品的产品供应链集成网络，如图 5-2 所示。该网络图包含 2 层，分别为电力系统层和供应链网络层，共 8 个节点：总电站 E、变压器 J、变电所 K、供应商 D、制造中心 M、仓库 W、客户 C 和再制造中心 R。电力系统层总电站 E 负责收集电力经过变压器 J、变电所 K 输送至各个供应链节点以维持生鲜产品的鲜活保存。供应链网络层从供应商采集原料（考虑数量折扣）输送到制造中心，再到仓库和客户手中。而客户将不合格或过期产品发给再制造中心，由仓库统一收集再分配客户。

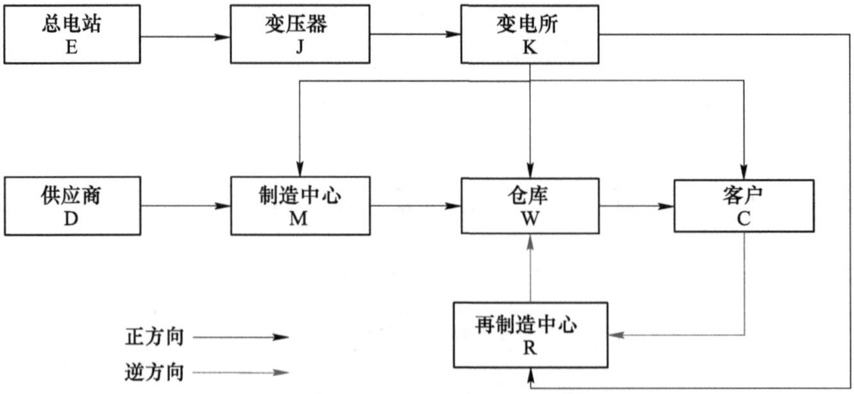

图 5-2　生鲜产品双层 CLSC 网络结构图

5.4.2　模型假设及符号定义

本章假设如下：

（1）再制造的产品为新产品；

（2）客户需求具体且固定；

（3）假设各运输过程均采用一种运输方式；

（4）假设各个节点所需电量已知；

（5）停电时采用应急发电机，且电量无限；

（6）电力层、客户、供应商位置已知且固定；

（7）仓库、客户和再制造中心的库存是事先预定的；

（8）所有设施的潜在地点、能力和成本参数已设定。

基于建模需要，定义符号如表（5-1）~表（5-3）所示。

表 5-1　模型中集合定义

集合	描　述
$i \in I$	原料集合
$p \in P$	产品集合
$m \in M$	制造中心集合
$w \in W$	仓库集合
$r \in R$	再制造中心集合
$c \in C$	客户集合
$k \in K$	变电所集合
$t \in T$	变压器集合
$e \in E$	总电站集合
$s \in S$	情景集合
$j \in J$	时间段集合
$d \in D$	供应商集合

表 5-2 模型中的参数

参数	描　述
ψ_{pc}	每阶段客户 c 退回产品 p 的百分比
$Life_p$	产品 p 的寿命
C_{pm}	在制造中心 m 每期制造产品 p 的生产成本
C_{rp}	再制造中心 r 每期生产产品 p 的再制造成本
dem_{cpt}	t 阶段客户 c 对产品 p 的需求
C_p	各期产品 p 需求未满足的成本
Fix_m	开办和经营制造中心 m 的固定费用
Fix_w	开办和经营仓库 w 的固定费用
Fix_r	开办和经营再制造中心 r 的固定费用
CH_{wp}	每期仓库 w 对于产品 p 的持有成本
CH_{cp}	每期客户 c 对于产品 p 的持有成本
CH_{rp}	每期再制造中心 r 对于产品 p 的持有成本
CH'_{wp}	停电期间，每期仓库 w 对于产品 p 的持有成本
CH'_{cp}	停电期间，每期客户 c 对于产品 p 的持有成本
CH'_{rp}	停电期间，每期再制造中心 r 对于产品 p 的持有成本
Tr_{mwp}	产品 p 从制造中心 m 到仓库 w 的运输成本
Tr_{wcp}	产品 p 从仓库 w 到客户 c 的运输成本
Tr_{crp}	产品 p 从客户 c 到再制造中心 r 的运输成本
Tr_{rwp}	产品 p 从再制造中心 r 到仓库 w 的运输成本
MC	制造中心 M 的生产能力
RC	再制造中心 R 的再制造能力
IC_w	仓库 w 的库存能力
IC_c	客户 c 的库存能力
IC_r	再造中心 r 的库存能力
φ_m	开发和经营制造中心 m 对环境的影响
φ_w	开发和经营仓库 w 对环境的影响
φ_r	开发和经营再制造中心 r 对环境的影响
φ_{mp}	制造中心 m 生产单位 p 对环境的影响
φ_{rp}	再制造中心 r 生产单位 p 对环境的影响
φ_{mwp}	将单一产品 p 从制造中心 m 运输到仓库 w 对环境的影响
φ_{wcp}	将单一产品 p 从仓库 w 运输到客户 c 对环境的影响
φ_{crp}	将单一产品 p 从客户 c 运输到再制造中心 r 对环境的影响
φ_{rwp}	将单一产品 p 从再制造中心 r 运输到仓库 w 对环境的影响

续表 5-2

参数	描　述
φ_{dmi}	将原材料 i 从供应商运输到制造中心 m 对环境的影响
φ_{wp}	在仓库 w 持有产品 p 对环境的影响
φ'_{wp}	停电期间，在仓库 w 中持产品 p 对环境的影响
φ_{cp}	客户 c 持有产品 p 对环境的影响
φ'_{cp}	停电期间，客户 c 持有单位产品 p 对环境的影响
φ'_{rp}	停电期间，再制造中心 r 持有单位产品 p 对环境的影响
φ_{rp}	再制造中心 r 持有单位产品 p 对环境的影响
α_p	再制造产品 p 的百分比
Z_p	如果产品 p 可再制造则为 1，否则为 0
C_e	总电站 e 每千瓦时发电成本
C_k	变电所 k 未满足需求的成本
Tr_{ej}	总电站 e 与变压器 j 之间，每千瓦时的传输成本
Tr_{jk}	变压器 j 与变电所 k 之间每千瓦时的传输成本
FC_{ej}	总电站 e 与变压器 j 之间的流量
FC_{jk}	变压器 j 与变电所 k 之间的流量
ZD_{est}	t 阶段，情景 s，总电站 e 被中断则为 1，否则为 0
ZD_{ejts}	t 阶段，情景 s 下，如果总电站 e 到变压器 j 之间电线被损坏则为 1，否则为 0
ZD_{jkts}	t 阶段，情景 s 下，如果变压器 j 到变电所 k 之间的电线被损坏则为 1，否则为 0
Φ_{km}	如果变电所 k 负责提供制造中心 m 所需电量则为 1，否则为 0
Φ_{kw}	如果变电所 k 负责提供仓库 w 所需的电量则为 1，否则为 0
Φ_{kc}	如果变电所 k 负责提供客户 c 所需的电量则为 1，否则为 0
ElE_{wp}	在仓库 w 中存放单位产品 p 所需的电量
Φ_{kr}	如果变电所 k 负责提供再制造中心 r 所需的电量则为 1，否则为 0
ElE_{mp}	在制造商 m 中生产单位 p 所需的电量
EC	发电站的发电能力
ElE_{cp}	在客户 c 中存放单位产品 p 所需的电量
ElE_{rp}	在再制造中心 r 存放及再制造单位产品 p 所需的电量
φ_e	总电站 e 发单位电量对环境的影响
MM	一个大数据
π^s	情景 s 发生的概率
t_m	制造中心 m 中断时间
t_w	仓库 w 中断时间
t_r	再制造中心 r 中断时间

续表 5-2

参数	描　述
ψ_{dsmt}	情景 s 下，原料供应商 d 供料给制造中心 m 在 t 时期内的折扣下界
C_{ids}	情景 s 下，从原料供应商 d 购买原料 i 的总费用
Pr_{idst}	t 阶段，情景 s 下，从原料供应商 d 处购买原料 i 的价格（给予一定折扣）

表 5-3　决策变量

变量	描　述
In^{s}_{wpt}	t 时段，情景 s 下，产品 p 在仓库 w 内的库存水平
In^{s}_{cpt}	t 时段，情景 s 下，产品 p 在客户 c 内库存水平
In^{s}_{rpt}	t 时段，情景 s 下，产品 p 在再制造中心 r 内的库存水平
In'^{s}_{wpt}	断电情况下，t 时段，情景 s 下，产品 p 在仓库 w 内的库存水平
In'^{s}_{cpt}	断电情况下，t 时段，情景 s 下，产品 p 在仓库 w 内的库存水平
In'^{s}_{rpt}	断电情况下，t 时段，情景 s 下，产品 p 在客户 c 内的库存水平
Q^{s}_{mpt}	t 时段，情景 s 下，产品 p 在制造中心 m 内的生产数量
Q^{s}_{rpt}	t 时段，情景 s 下，产品 p 在再制造中心 r 内的生产数量
Pg^{s}_{et}	t 时段，情景 s 下，总电站 e 的发电量
Q^{s}_{mwpt}	t 时段，情景 s 下，从制造中心 m 运送产品 p 到仓库 w 的数量
Q^{s}_{wcpt}	t 时段，情景 s 下，从仓库 w 将产品 p 运送到客户 c 的数量
Q^{s}_{crpt}	t 时段，情景 s 下，从客户 c 运送产品 p 到再制造中心 r 的数量
Q^{s}_{rwpt}	t 时段，情景 s 下，从再制造中心 r 运送产品 p 到仓库 w 的数量
Xg^{s}_{ejt}	t 时段，情景 s 下，从总电站 e 到变压器 j 的功率量
Xg^{s}_{jkt}	t 时段，情景 s 下，从变压器 j 到变电所 k 的功率量
Q^{s}_{cpt}	t 时段，情景 s 下，产品 p 在客户 c 未满足需求的数量
dem^{s}_{kt}	t 时段，情景 s 下，变电所 k 的电量需求
Q^{s}_{kt}	t 时段，情景 s 下，变电所 k 未满足需求电量
Z_{m}	如果建立了制造中心 m，则为 1，否则为 0
Z_{k}	t 时段，情景 s 下，变电所 k 不满足需求电量则为 1，否则为 0
Z_{w}	如果建立了仓库 w，则为 1，否则为 0
Z_{r}	如果建立了再制造中心 r，则为 1，否则为 0
Z_{imst}	t 时段，情景 s 下，如果从原料供应商 d 处购买原料 i 使用折扣则为 1，否则为 0
Q_{imdt}	t 时段，情景 s 下，制造中心 m 从原料供应商 d 处购买原料 i 的数量

5.4.3 模型建立

基于上述，本节建模型分为两层：F_1 为最小化成本函数，F_1' 为最小化电力成本函数；F_2 为最小化碳排放函数，F_2' 为最小化发电碳排放函数；F_3 为最小化中断时间函数，相关函数如公式（5-47）~公式(5-51)。

最小化成本(F_1) = 建立成本 + 运输成本 + 产出成本 + 持有成本 + 断电的持有成本 + 原料折扣购买成本

最小化电力成本(F_1') = 发电成本 + 变电站未满足电量成本 + 传输成本

最小化碳排放(F_2) = 建立节点产生的碳排放量 + 产出产品的碳排放量 + 库存持有的碳排放量 + 断电保存的碳排放量 + 运输产生的碳排放量

最小化发电碳排放(F_2') = 发电产生的碳排放量

最小化中断时间函数(F_3) = 制造中心中断时间 + 仓库中断时间 + 再制造中心中断时间

$$\begin{aligned}
\min F_1 = {} & \sum_{m\in M} Fix_{\mathrm{m}} \times Z_{\mathrm{m}} + \sum_{w\in W} Z_{\mathrm{w}} \times Fix_{\mathrm{w}} + \sum_{r\in R} Fix_{\mathrm{r}} \times Z_{\mathrm{r}} + \\
& \sum_{s\in S}\sum_{t=1} \pi^s \Big[\sum_{p\in P}\Big(\sum_{m\in M} C_{\mathrm{pm}} \times Q^s_{\mathrm{mpt}} + \sum_{r\in R} C_{\mathrm{rp}} \times Q^s_{\mathrm{rpt}} + \sum_{c\in C} Q^s_{\mathrm{cpt}} \times C_{\mathrm{p}}\Big) + \\
& \sum_{p\in P}\Big(\sum_{w\in W} CH_{\mathrm{wp}} \times In^s_{\mathrm{wpt}} + \sum_{c\in C} CH_{\mathrm{cp}} \times In^s_{\mathrm{cpt}} + \sum_{r\in R} CH_{\mathrm{rp}} \times In^s_{\mathrm{rpt}}\Big) + \\
& \sum_{p\in P}\Big(\sum_{w\in W} CH'_{\mathrm{wp}} \times In'^s_{\mathrm{wpt}} + \sum_{c\in C} CH'_{\mathrm{cp}} \times In'^s_{\mathrm{cpt}} + \sum_{r\in R} CH'_{\mathrm{rp}} \times In'^s_{\mathrm{rpt}}\Big) + \\
& \sum_{p\in P}\Big(\sum_{m\in M}\sum_{W\in W} Tr_{\mathrm{mwp}} \times Q^s_{\mathrm{mwpt}} + \sum_{w\in W}\sum_{c\in C} Tr_{\mathrm{wcp}} \times Q^s_{\mathrm{wcpt}} + \\
& \sum_{c\in C}\sum_{r\in R} Tr_{\mathrm{crp}} \times Q^s_{\mathrm{crpt}} + \sum_{r\in R}\sum_{w\in W} Tr_{\mathrm{rwp}} \times Q^s_{\mathrm{rwpt}}\Big) + \\
& \sum_{i\in I}\sum_{t\in T} Pr_{\mathrm{idst}} \times Z_{\mathrm{imst}} \times Q_{\mathrm{imdt}}\Big]
\end{aligned} \tag{5-47}$$

$$\begin{aligned}
\min F_1' = {} & \sum_{s\in S}\sum_{t=1} \pi^s \Big[\sum_{e\in E} C_{\mathrm{e}} \times Pg^s_{\mathrm{et}} + \sum_{k\in K} C_{\mathrm{k}} \times Q^s_{\mathrm{kt}} + \\
& \sum_{e\in E}\sum_{j\in J} Tr_{\mathrm{ej}} \times g^s_{\mathrm{ejt}} + \sum_{j\in J}\sum_{k\in K} \times g^s_{\mathrm{jkt}} \times Tr_{\mathrm{jk}}\Big]
\end{aligned} \tag{5-48}$$

$$\begin{aligned}
\min F_2 = {} & \sum_{m\in M} Z_{\mathrm{m}} \times \varphi_{\mathrm{m}} + \sum_{w\in W} Z_{\mathrm{w}} \times \varphi_{\mathrm{w}} + \sum_{r\in R} Z_{\mathrm{r}} \times \varphi_{\mathrm{r}} + \\
& \sum_{s\in S}\sum_{t\in T} \pi^s \Big[\sum_{p\in P}\Big(\sum_{m\in M} \varphi_{\mathrm{mp}} \times Q^s_{\mathrm{mpt}} + \sum_{r\in R} \varphi_{\mathrm{rp}} \times Q^s_{\mathrm{rpt}}\Big) + \\
& \sum_{p\in P}\Big(\sum_{w\in W} \varphi_{\mathrm{wp}} \times In^s_{\mathrm{wpt}} + \sum_{c\in C} \varphi_{\mathrm{cp}} \times In^s_{\mathrm{cpt}} + \sum_{r\in R} \varphi_{\mathrm{rp}} \times In^s_{\mathrm{rpt}}\Big) + \\
& \sum_{p\in P}\Big(\sum_{w\in W} \varphi'_{\mathrm{wp}} \times In'^s_{\mathrm{wpt}} + \sum_{c\in C} \varphi'_{\mathrm{cp}} \times In'^s_{\mathrm{cpt}} + \sum_{r\in R} \varphi'_{\mathrm{rp}} \times In'^s_{\mathrm{rpt}}\Big) + \\
& \sum_{p\in P}\Big(\sum_{m\in M}\sum_{w\in W} \varphi_{\mathrm{mwp}} \times Q^s_{\mathrm{mwpt}} + \sum_{w\in W}\sum_{c\in C} \varphi_{\mathrm{wcp}} \times Q^s_{\mathrm{wcpt}} + \sum_{c\in C}\sum_{r\in R} \varphi_{\mathrm{crp}} \times Q^s_{\mathrm{crpt}} +
\end{aligned}$$

$$\sum_{r \in R} \sum_{w \in W} \varphi_{\mathrm{rwp}} \times Q^{s}_{\mathrm{rwpt}}) + \sum_{i \in I} \sum_{t \in T} \varphi_{\mathrm{dmi}} \times Q_{\mathrm{imdt}}] \tag{5-49}$$

$$\min F'_2 = \sum_{s \in S} \sum_{t \in T} \sum_{e \in E} \pi^{s} \times Pg^{s}_{\mathrm{et}} \times \varphi_{\mathrm{e}} \tag{5-50}$$

$$\min F_3 = \sum_{m \in M} t_{\mathrm{m}} + \sum_{w \in W} t_{\mathrm{w}} + \sum_{r \in R} t_{\mathrm{r}} \tag{5-51}$$

综上，两层集成模型如公式（5-52）所示。约束公式（5-53）~公式（5-71）分别表示供应链层流量、客户需求和库存约束；约束公式（5-72）~公式（5-78）表示电网层的电量流动约束；约束公式（5-79）~公式（5-87）表示两层的依存关系，表示电网层中断时，设施容量为零直至恢复电力以及应急发电费用。

$$\begin{cases} \min Z_1 = F_1 + F'_1 \\ \min Z_2 = F_2 + F'_2 \\ \min Z_3 = F_3 \end{cases} \tag{5-52}$$

$$Q^{s}_{\mathrm{mpt}} = \sum_{w \in W} Q^{s}_{\mathrm{mwpt}}, \quad \forall s \in S,\ m \in M,\ p \in P,\ t \in T \tag{5-53}$$

$$\sum_{m \in M} Q^{s}_{\mathrm{mwpt}} + \sum_{r \in R} Q^{s}_{\mathrm{rwpt}} + In^{s}_{\mathrm{wpt-1}} = In^{s}_{\mathrm{wpt}} + \sum_{c \in C} Q^{s}_{\mathrm{wcpt}}, \quad \forall s \in S,\ m \in M,\ p \in P,\ t \in T \tag{5-54}$$

$$\sum_{w \in W} Q^{s}_{\mathrm{wcpt}} + In^{s}_{\mathrm{cpt-1}} + Q^{s}_{\mathrm{cpt}} = In^{s}_{\mathrm{cpt}} + dem_{\mathrm{cpt}}, \quad \forall s \in S,\ m \in M,\ p \in P,\ t \in T \tag{5-55}$$

$$\sum_{r \in R} \sum_{p \in P} \alpha_{\mathrm{p}} Z_{\mathrm{p}} Q^{s}_{\mathrm{crpt}} + In^{s}_{\mathrm{rpt-1}} = In^{s}_{\mathrm{rpt}} + \sum_{w \in W} Q^{s}_{\mathrm{rwpt}}, \quad \forall s \in S,\ m \in M,\ p \in P,\ t \in T \tag{5-56}$$

$$Q^{s}_{\mathrm{rpt}} = \sum_{r \in R} \sum_{p \in P} \alpha_{\mathrm{p}} Z_{\mathrm{p}} Q^{s}_{\mathrm{crpt}}, \quad \forall s \in S,\ m \in M,\ p \in P,\ t \in T \tag{5-57}$$

$$\sum_{t \in T} \sum_{m \in M} Q^{s}_{\mathrm{mwpt}} + \sum_{r \in R} \sum_{t \in T} Q^{s}_{\mathrm{rwpt}} \geqslant \sum_{t \in T} \sum_{c \in C} Q^{s}_{\mathrm{wcpt}}, \quad \forall s \in S,\ m \in M,\ p \in P,\ t \in T \tag{5-58}$$

$$\sum_{w \in W} \sum_{t \in T} Q^{s}_{\mathrm{wcpt}} \geqslant \sum_{t \in T} \sum_{r \in R} Q^{s}_{\mathrm{crpt}}\ \forall s \in S,\ m \in M,\ p \in P,\ t \in T \tag{5-59}$$

$$\sum_{t \in T} \sum_{c \in C} Q^{s}_{\mathrm{crpt}} \geqslant \sum_{t \in T} \sum_{w \in W} Q^{s}_{\mathrm{rwpt}}\ \forall s \in S,\ r \in R,\ p \in P \tag{5-60}$$

$$In^{s}_{\mathrm{cpt}} \leqslant \sum_{t'=t} dem_{\mathrm{cpt'}}\ \forall s \in S,\ c \in C,\ p \in P,\ t \in T \tag{5-61}$$

$$In^{s}_{\mathrm{wpt}} \leqslant \sum_{c \in C} \sum_{t'=t} Q^{s}_{\mathrm{wcpt'}}\ \forall s \in S,\ w \in W,\ p \in P,\ t \in T \tag{5-62}$$

$$In^{s}_{\mathrm{rpt}} \leqslant \sum_{w \in W} \sum_{t'=t} Q^{s}_{\mathrm{rwpt'}}\ \forall s \in S,\ r \in R,\ p \in P,\ t \in T \tag{5-63}$$

$$\sum_{r \in R} Q^{s}_{\mathrm{crpt}} \leqslant \psi_{\mathrm{pc}}\, dem_{\mathrm{cpt}}\ \forall s \in S,\ c \in C,\ p \in P,\ t \in T \tag{5-64}$$

$$\sum_{m \in M}\sum_{p \in P}\sum_{t \in T} Q^s_{\mathrm{mwpt}} + \sum_{c \in C}\sum_{p \in P}\sum_{t \in T} Q^s_{\mathrm{wcpt}} + \sum_{r \in R}\sum_{p \in P}\sum_{t \in T} Q^s_{\mathrm{rwpt}} \leqslant MM \times Z_{\mathrm{w}},\ \forall s \in S,\ w \in W \tag{5-65}$$

$$\sum_{w \in W}\sum_{p \in P}\sum_{t \in T} Q^s_{\mathrm{rwpt}} + \sum_{c \in C}\sum_{p \in P}\sum_{t \in T} Q^s_{\mathrm{crpt}} \leqslant Z_r \times MM \forall s \in S,\ c \in C \tag{5-66}$$

$$\sum_{p \in P} In^s_{\mathrm{wpt}} \leqslant IC_{\mathrm{w}} Z_{\mathrm{w}} \forall s \in S,\ w \in W,\ t \in T \tag{5-67}$$

$$\sum_{p \in P} In^s_{\mathrm{cpt}} \leqslant IC_{\mathrm{c}} \forall s \in S,\ c \in C,\ t \in T \tag{5-68}$$

$$\sum_{p \in P} In^s_{\mathrm{rpt}} \leqslant IC_{\mathrm{r}} Z_{\mathrm{r}} \forall s \in S,\ r \in R,\ t \in T \tag{5-69}$$

$$\sum_{p \in P} Q^s_{\mathrm{mpt}} \leqslant MM \times Z_{\mathrm{m}} \forall s \in S,\ m \in M,\ t \in T \tag{5-70}$$

$$\sum_{p \in P} Q^s_{\mathrm{rpt}} \leqslant R \times Z_{\mathrm{r}} \forall s \in S,\ r \in R,\ t \in T \tag{5-71}$$

$$Z_{\mathrm{imst}} \times \psi_{\mathrm{dsmt}} \leqslant C_{\mathrm{ids}} \tag{5-72}$$

$$Pg^s_{\mathrm{et}} = \sum_{j \in J} X g^s_{\mathrm{ejt}} \forall s \in S,\ e \in E,\ t \in T \tag{5-73}$$

$$Pg^s_{\mathrm{et}} \leqslant EC \times (1 - ZD_{\mathrm{est}}) \forall s \in S,\ e \in E,\ t \in T \tag{5-74}$$

$$\sum_{j \in J} X g^s_{\mathrm{jkt}} + Q^s_{\mathrm{kt}} = dem^s_{\mathrm{kt}} \forall s \in S,\ k \in K,\ t \in T,$$

$$Q^s_{\mathrm{kt}} \leqslant MM \times Z_{\mathrm{k}} \forall s \in S,\ k \in K,\ t \in T \tag{5-75}$$

$$\sum_{e \in E} X g^s_{\mathrm{ejt}} - \sum_{k \in K} X g^s_{\mathrm{jkt}} = 0 \forall s \in S,\ j \in J,\ t \in T \tag{5-76}$$

$$Xg^s_{\mathrm{ejt}} \leqslant FC_{\mathrm{ej}} \times (1 - ZD_{\mathrm{ejts}}) \tag{5-77}$$

$$Xg^s_{\mathrm{jkt}} \leqslant FC_{\mathrm{jk}} \times (1 - ZD_{\mathrm{jkts}}) \tag{5-78}$$

$$\sum_{p \in P} Q^s_{\mathrm{mpt}} \leqslant MM \times (1 - Z_{\mathrm{k}}) + MM \times (1 - \Phi_{\mathrm{km}}),$$

$$\forall s \in S,\ m \in M,\ k \in K,\ t \in T \tag{5-79}$$

$$\sum_{p \in P}\sum_{m \in M} Q^s_{\mathrm{mwpt}} + \sum_{p \in P}\sum_{r \in R} Q^s_{\mathrm{rwpt}} + \sum_{p \in P}\sum_{c \in C} Q^s_{\mathrm{wcpt}} \leqslant MM \times (1 - Z_{\mathrm{k}}) + MM \times (1 - \Phi_{\mathrm{kw}}) \tag{5-80}$$

$$\sum_{p \in P}\sum_{w \in W} Q^s_{\mathrm{wcpt}} + \sum_{p \in P}\sum_{r \in R} Q^s_{\mathrm{crpt}} \leqslant MM \times (1 - Z_{\mathrm{k}}) \tag{5-81}$$

$$\sum_{p \in P}\sum_{c \in C} Q^s_{\mathrm{crpt}} + \sum_{p \in P}\sum_{w \in W} Q^s_{\mathrm{rwpt}} \leqslant MM \times (1 - Z_{\mathrm{k}}) \tag{5-82}$$

$$\begin{aligned} dem^s_{\mathrm{kt}} = {} & \sum_{m \in M}\sum_{p \in P} \Phi_{\mathrm{mk}} \times Q^s_{\mathrm{mpt}} \times ElE_{\mathrm{mp}} + \sum_{w \in W}\sum_{p \in P} \Phi_{\mathrm{kw}} \times In^s_{\mathrm{wpt}} \times ElE_{\mathrm{wp}} + \\ & \sum_{c \in C}\sum_{p \in P} \Phi_{\mathrm{kc}} \times In^s_{\mathrm{cpt}} \times ElE_{\mathrm{cp}} + \sum_{r \in R}\sum_{p \in P} \Phi_{\mathrm{kw}} \times In^s_{\mathrm{rpt}} \times ElE_{\mathrm{rph}} + \\ & \sum_{r \in R}\sum_{p \in P} \Phi_{\mathrm{kr}} \times ElE_{\mathrm{rp}} \times Q^s_{\mathrm{rpt}} \forall s \in S,\ k \in K,\ t \in T \end{aligned} \tag{5-83}$$

$$In^s_{\mathrm{wpt}} - MM \times (1 - Z_{\mathrm{k}}) - MM \times (1 - \Phi_{\mathrm{kw}}) \leqslant In'^s_{\mathrm{wpt}},$$

$$\forall s \in S,\ w \in W,\ p \in P,\ k \in K,\ t \in T \tag{5-84}$$

$$In_{\mathrm{cpt}}^{s} - MM \times (1 - Z_{\mathrm{k}}) - MM \times (1 - \Phi_{\mathrm{kc}}) \leqslant In_{\mathrm{cpt}}^{\prime s},$$

$$\forall s \in S,\ c \in C,\ p \in P,\ k \in K,\ t \in T \tag{5-85}$$

$$In_{\mathrm{rpt}}^{s} - MM \times (1 - Z_{\mathrm{k}}) - MM \times (1 - \Phi_{\mathrm{kr}}) \leqslant In_{\mathrm{rpt}}^{\prime s},$$

$$\forall s \in S,\ r \in R,\ p \in P,\ k \in K,\ t \in T \tag{5-86}$$

$$In_{\mathrm{wpt}}^{s},\ In_{\mathrm{cpt}}^{s},\ In_{\mathrm{rpt}}^{s},\ In_{\mathrm{wpt}}^{\prime s},\ In_{\mathrm{cpt}}^{\prime s},\ In_{\mathrm{rpt}}^{\prime s},\ Q_{\mathrm{mpt}}^{s},\ Q_{\mathrm{rpt}}^{s},\ Q_{\mathrm{mwpt}}^{s},\ Q_{\mathrm{wcpt}}^{s},\ Q_{\mathrm{crpt}}^{s},$$

$$Q_{\mathrm{rwpt}}^{s},\ Pg_{\mathrm{et}}^{s},\ Q_{\mathrm{kt}}^{s},\ Q_{\mathrm{cpt}}^{s},\ Xg_{\mathrm{ejt}}^{s},\ Xg_{\mathrm{jkt}}^{s},\ t_m,\ t_w,\ t_r \geqslant 0 \tag{5-87}$$

5.5 模型处理

5.5.1 模糊处理

为减弱模型中的不确定性，本章采用模糊规划方法对已建模型和约束进行模糊处理。以往文献的模糊测度均采用极端值表示，Nec 为必要性测度值，代表极度悲观值；Pos 为可能性测度值，代表极度乐观值。但此类方法数据测定不够准确，而本文的模糊测度采用 Xu 和 Zhou[45] 提出的 Me 测度法，此类方法能够实现在两个极端值间灵活变化，减小结果的误差性。具体定义如下[46]：

$$\mathrm{Me}\{\xi \leqslant b\} = \mathrm{Nec}\{\xi \leqslant b\} + \lambda(\mathrm{Pos}\{\xi \leqslant r\} - \mathrm{Nec}\{\xi \leqslant r\}) \tag{5-88}$$

$$\mathrm{Pos}(A) = \mathrm{Sup}_{u \leqslant b}\mu(u) \tag{5-89}$$

$$\mathrm{Nec}(A) = 1 - \mathrm{Sup}_{u \leqslant b}\mu(u) \tag{5-90}$$

式中，λ 为乐观-悲观调整参数（$0 \leqslant \lambda \leqslant 1$）；$\xi$ 为决策变量；b 为实数；$\mu(u)$ 为隶属度函数。采用三角模糊数 $\tilde{\xi} = (\xi_1,\ \xi_2,\ \xi_3)$ 对 Me 测度进行定义，具体 Me 测度表达式如式（5-91）。

$$\mathrm{Me}(r \leqslant \tilde{\xi})\begin{cases} 1 & (r \leqslant \xi_1) \\ \lambda + \dfrac{(1-\lambda)(\xi_2 - \lambda)}{\xi_2 - \xi_1} & (\xi_1 < r \leqslant \xi_2) \\ \lambda\dfrac{\xi_3 - r}{\xi_3 - \xi_2} & (\xi_2 < r \leqslant \xi_3) \\ 0 & (r > \xi_3) \end{cases} \tag{5-91}$$

其中 $\lambda = 1$ 时，Me=Pos，$r \leqslant \xi_2 + (1 - \gamma_t)(\xi_3 - \xi_2)$，此时为积极态度；当 $\lambda = 0$ 时，Me=Pos，$r \leqslant \xi_2 + \gamma_t(\xi_2 - \xi_1)$ 此时为消极态度；当 $\lambda = 0.5$ 时，Me=Cr，$r \leqslant \xi_2 + (1 - 2\gamma_t)(\xi_2 - \xi_1)$，此时为折中态度。公式（5-92）表示三者之间取值关系。

$$\mathrm{Nec}\{r \leqslant \tilde{\xi}\} \leqslant \mathrm{Cr}\{r \leqslant \tilde{\xi}\} \leqslant \mathrm{Pos}\{r \leqslant \tilde{\xi}\} \tag{5-92}$$

5.5.2　多目标处理

以上模型均为多目标模型，本章采用式（5-93），将以上多目标问题转化为单目标问题进行求解，简化求解过程。

$$f_x = \min\left(V_1 \frac{f_1 - f_1^*}{f_1^{**} - f_1^*} + V_2 \frac{f_2 - f_2^*}{f_2^{**} - f_2^*} - V_3 \frac{f_3 - f_3^*}{f_3^{**} - f_3^*}\right) \tag{5-93}$$

其中 $V_1 + V_2 + V_3 = 1$，V_1，V_2，V_3 为目标 f_1，f_2，f_3 的权重，f_1^*，f_2^*，f_3^* 为 f_1，f_2，f_3 的最低值，f_1^{**}，f_2^{**}，f_3^{**} 为 f_1，f_2，f_3 的最优值。

5.6　模型求解及算例验证

为验证 DWOA 算法对本章节模型的适用性，本章以上述生鲜子公司数据为例，随机抽取数据，生成如表 5-4 所示的测试问题，参数范围如表 5-5 所示。为更直观地评价本章所用模型和算法的有效性，将测试问题在 MATLAB 软件上运行并进行分析比较。MATLAB 的运行计算机环境为：处理器为 Intel(R) Core(TM) i7-8550u CPU@ 3.9GHz，内存 8GB，操作系统为 Window10 的手提电脑。

表 5-4　测试问题

测试问题	D	M	W	R	C
1	4	4	4	3	5
2	4	4	4	3	6
3	5	5	5	3	7
4	5	5	5	3	8
5	6	6	6	4	9

表 5-5　参数范围

参数	范围	参数	范围
In^s_{wpt}、In^s_{cpt}、In^s_{rpt}、In'^s_{wpt} In'^s_{cpt}、In'^s_{rpt}、Q^s_{mpt}、Q^s_{rpt}、Q^s_{mwpt}、 Q^s_{wcpt}、Q^s_{crpt}、Q^s_{rwpt}、 Q_{imdt}、Q^s_{cpt}、dem_{cpt}	200~1200	φ_m、φ_w、φ_r、φ_{mp}、φ_{rp}、 φ_{wp}、φ_{cp} φ_{mwp}、φ_{wcp}、φ_{rwp}、φ_{rwp}、 φ_{crp}、φ'_{wp}、φ'_{cp}、φ'_{rp}、φ_e	0.2~0.5
Xg^s_{ejt}、Xg^s_{jkt}、Pg^s_{et}、dem^s_{kt}、Q^s_{kt}	30~300	ψ_{pc}、α_p、π^s、ψ_{dsmt}	0.3~0.9
$Life_p$、t_m、t_w、t_r	3~7	C_{mp}、C_{rp}、C_p、C_e、C_k	10~50
C_{ids}、Pr_{idst}	200~1000	ElE_{mp}、ElE_{wp}、ElE_{cp}、ElE_{rp}	3~15
CH_{wp}、CH_{cp}、CH_{rp}、CH'_{wp}、CH'_{cp}、CH'_{rp}、 Tr_{mwp}、Tr_{wcp}、Tr_{crp}、Tr_{rwp}、Tr_{ej}、Tr_{jk}	1~20	MC、EC、IC_w、IC_c、IC_r、 FC_{ej}、FC_{jk}	500~1300

5.6.1 折扣区间的敏感性分析

为研究折扣区间和目标函数值的变化关系，本节将不同的折扣区间分别带入确定型和不确定型目标函数，结果如表5-6所示。由表5-6可知，确定性模型中，成本函数的值在某一时刻不随折扣区间变化而变化，因为不确定性不会影响需求；不确定性模型中，成本函数会随着折扣区间增加而增大，这是由于折扣区间级别的增加和在此期间购买原材料的价格变化。

表5-6 折扣区间与成本函数关系

情景	折扣区间 ψ_{ismt}	确定性模型	不确定性模型
1	-30%	256544.23	396070.88
2	-10%	256544.23	396123.45
3	0	256544.23	396141.82
4	10%	256544.23	396191.03
5	30%	256544.23	396215.59

5.6.2 多目标模型验证

本节为验证多目标模型在求解时的折中性，按照表5-4的测试问题和表5-5的参数范围，将本章中的加权融合后的多目标模型与融合前3个单目标模型进行比较，得到表5-7。由表5-7可知，测试问题相同时，当成本函数增加时，生鲜产品闭环供应链网络内部的各个节点消耗量和工作量增加，则碳排量也随之增加，而中断时间大大减少；反之，当成本函数减少时，碳排量随之减少，而中断时间增加。与此同时，表5-7中数据显示单目标函数值与个别多目标函数值相近，但得到的效益却大不相同，多目标函数值总是更优一些。表5-8是侧重单个函数结果与多目标函数结果对比，由表5-8可知，多目标的各函数值均处于三种情况中的折中值，位于最优和最差之间。

表5-7 多目标函数对比单目标函数变化百分比

测试问题	目标函数值			变化百分比/%			
	Z_1 /千万元	Z_3/t	Z_3/h	多目标函数值	多目标函数值对比 Z_1	多目标函数值对比 Z_2	多目标函数值对比 Z_3
1	4.66	6.84	6.78	7.07	58.40	3.44	-4.18
2	2.40	4.70	3.21	2.40	0	-50.00	33.69
3	2.24	3.36	3.32	3.42	52.45	1.83	-2.88
4	2.55	3.94	3.90	4.16	63.20	5.80	-6.32
5	1.50	2.90	2.10	1.5	0	-50.00	40.00

表 5-8　侧重单个函数结果与多目标函数结果对比

目标值	偏 Z_1 目标			偏 Z_2 目标			偏 Z_3 目标			多目标		
	Z_1	Z_2	Z_3	Z_1	Z_2	Z_3	Z_1	Z_2	Z_3	Z_1	Z_2	Z_3
最优值	1.07	2.45	1.17	2.11	4.30	1.17	2.09	3.43	0.67	1.98	2.94	0.85
最差值	2.98	3.24	1.17	2.71	3.25	1.17	3.25	3.43	1.77	2.78	3.38	1.23

5.6.3　不确定性模型验证

取权重值 $V_1=0.6$、$V_2=0.2$、$V_3=0.2$，$\lambda=0.6$，测度水平参数 $\gamma=0.6$、0.8、1，所得多目标函数值如表 5-9 所示。由表 5-9 可知，Me 测度 Cr 值始终位于必要性测度 Nec 和可能性测度 Pos 之间。随着测度水平 γ 增加，成本函数值减小，约束满足水平增加。且当 γ 不小于 0.5 时，Nec 偏离 Pos 程度增大；当 γ 等于 1 时，Nec 值等于 Cr 值。

表 5-9　可信性测度对比

测试问题	$\gamma=0.6$			$\gamma=0.8$			$\gamma=1$		
	Nec	Pos	Cr	Nec	Pos	Cr	Nec	Pos	Cr
1	4.20	4.40	4.30	4.20	4.40	4.20	4.10	4.40	4.10
2	4.50	4.70	4.60	4.50	4.70	4.50	4.40	4.70	4.40
3	5.30	5.50	5.40	5.20	5.50	5.20	5.20	5.50	5.20
4	5.90	6.10	6.00	5.70	6.00	5.80	5.60	6.00	5.70
5	7.30	7.50	7.40	7.10	7.40	7.20	6.90	7.30	7.10

5.6.4　DWOA 算法验证

本节将测试问题分别用 DWOA 算法、WOA 算法和 GA 算法进行求解，结果如表 5-10 所示。由表 5-10 可知，DWOA 算法所求多目标函数值最优且 CPU 时间最短，WOA 算法和 GA 算法相比，虽求解能力略差但求解时间略胜一筹。

表 5-10　算法结果对比

测试问题	DWOA		WOA		GA	
	多目标函数值	CPU	多目标函数值	CPU	多目标函数值	CPU
1	234110.79	12.58	253138.05	12.64	282159.16	12.71
2	291487.36	27.05	316393.79	28.73	351804.28	30.64
3	617268.32	67.54	818680.6	68.00	736016.98	76.32
4	750588.12	127.2	907413.21	130.4	815599.26	154.3
5	1577172.5	398.0	1907239.40	428.7	171482.92	589.65

本章针对电网中断下的生鲜产品供应链网络设计的多目标模糊优化问题，经过验证，得出以下结论：

（1）针对闭环供应链网络设计问题，建立两层以成本最小、碳排放最少、中断时间最短目标的集成函数，采用 Me 测度处理模型中的不确定性，并通过加权融合，将多目标问题转化为单目标函数。通过数值实例和敏感性分析验证，采用优化处理后的模型，取得结果更优且稳定性更强。

（2）采用 DWOA 算法解决 NP-hard 问题，并将该方法与 WOA 算法和 GA 算法进行对比。结果表明，DWOA 算法计算时间较短，能够较快跳出局部最优且稳定性强，在处理电网中断下，生鲜产品供应链网络设计问题时，具有较好的优越性。

（3）现实的闭环供应链网络，在运营中，生鲜产品闭环供应链网络回收废旧产品后，可被分为不同种类，可做不同处理甚至销毁。

6 基于SD的四级闭环供应链质量控制模型

6.1 供应链质量控制模型描述

6.1.1 模型结构框架

本章在前述研究的基础上，构建基于系统动力学的闭环供应链质量控制模型，该模型的研究对象为“供应商-制造商-销售商-第三方回收商”组成的四级闭环供应链系统，该系统是由系统输入、生产过程转换和输出组成的动态系统。其中，系统输入是由供应商的行为决策、制造商的生产决策、销售商的销售决策、回收商的回收决策以及各节点企业间资金流、物流、信息流的沟通与传递等要素组成，系统的输出主要由新产品质量水平、再造品质量水平、服务质量水平、顾客需求、供应商利润、制造商利润、销售商利润、回收商利润等要素衡量。为了更加深入的研究系统输入通过生产转换过程对系统输出产生的影响，将此闭环供应链质量控制模型分为四个模块，如图6-1所示。

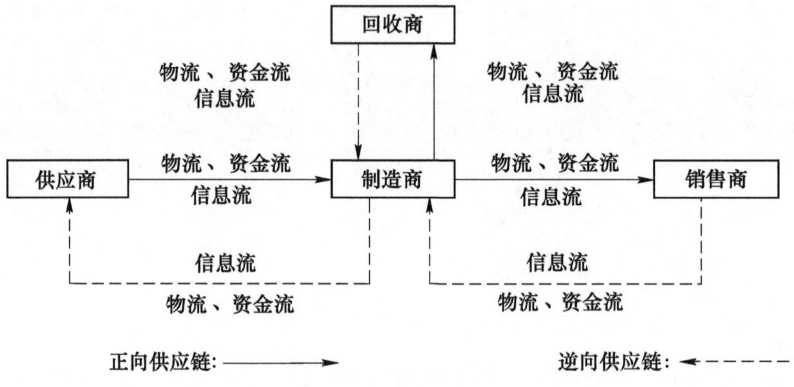

图6-1 模型结构框架

通过分析供应商行为决策研究原材料质量的形成与影响；分析制造商生产决策子系统，对产品质量的形成过程及其对顾客需求的影响进行研究；分析销售商销售决策子系统，对服务质量的形成过程及其对顾客需求的影响进行研究；最后通过对质量水平变动引起的顾客需求变动对供应链节点企业产生的影响进行分析。

6.1.2 模型假设

基于系统动力学的四级闭环供应链质量控制模型在一定前提下开展，其假设条件如下：

假设1：本章建立的四级闭环供应链质量控制模型由供应商、制造商、销售商和第三方回收商组成，第三方回收商负责回收。

假设2：新产品指制造商使用原材料生产的产品，使用回收废旧产品生产的产品为再制造产品，废旧产品指新产品使用寿命结束后的产品。

假设3：四级闭环供应链的各节点通过分析库存调整率及新品需求量，制定下一阶段的预测产量或订货量。

假设4：闭环供应链中各节点的能力都没有限制，包括供应商的供应能力，制造商的制造能力和再制造能力，零售商的销售能力，回收商的回收能力，以及各节点的库存能力和运输能力。

假设5：制造商收到零售商的订单时优先采用再制产品满足需求。若再制产品存量不足，通过新产品满足销售商需求，再制品质量与新产品质量没有差距。

假设6：废旧产品的回收比例决定回收商的回收率，回收比例是制造商再制造订货率的线性增函数。

假设7：废旧产品的再制造成本小于新产品的制造成本，因此，制造商在接到订货时，优先通过再制造满足零售商需求，再制造无法满足的部分通过制造新产品的方式满足。

6.1.3 仿真软件

Vensim 仿真软件由美国 Ventana 公司开发，是系统动力学研究中不可缺少的部分，通常被用于科技、学术等多方面。Vensim 是具有可视化的建模软件工具，研究者可以通过 Vensim 软件绘制待解决问题的动态仿真系统，能够对问题进行建立模型和数值仿真分析。使用 Vensim 软件建模具有灵活性，研究者可以通过因果关系图和存量流量图两种方式构建系统仿真模型。采用 Vensim 软件中箭头连接工具表示变量间存在的关系，并将各个变量之间的关系通过方程设计的形式写入模型。

Vensim 软件具有以下四个主要特点：

（1）采用图的方式对问题建模。通过软件中变量、参数和存量等符号对变量间的关系通过图形的方式体现，采用软件中 Equation 公式编辑器对变量进行方程设置，对常量进行赋值，对系统流图进行数值仿真模拟。

（2）具有较强的数据共享能力，能够提供系统中丰富的变量信息和灵活的数据输出方式。

（3）能够针对不同模型进行仿真分析。结构分析和数据集分析作为 Vensim 软件的主要分析方法。结构分析针对变量间的原因树、结果树以及反馈列表进行分析；数据集分析针对变量间随时间变化而发生变化的结果图进行分析，并列出数据表。

（4）具有模型极端测试功能。Vensim 软件的具有测试功能，能够针对模型进行一致性和真实性等多方面的测试。根据测试结果调整系统结构或模型中变量的方程及参数，使模型更加具有真实性和可靠性。

6.2　多级闭环供应链质量控制模型

图 6-2 为本书构建的四级闭环供应链系统流程图。

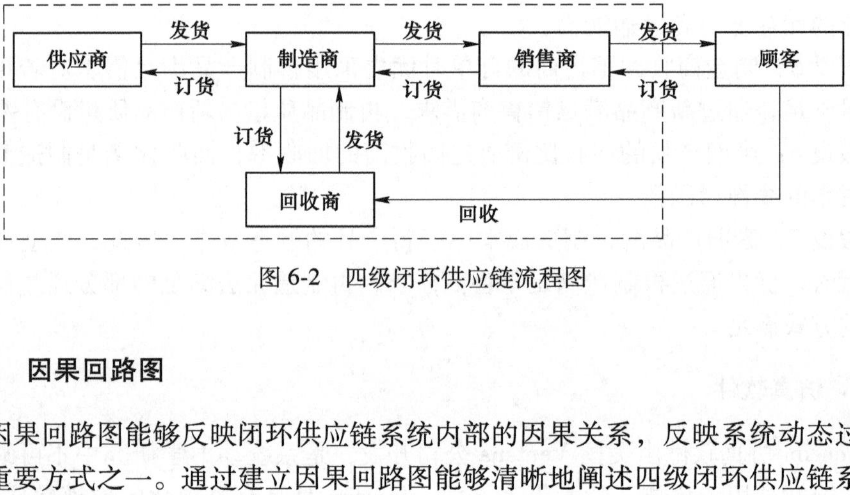

图 6-2　四级闭环供应链流程图

6.2.1　因果回路图

因果回路图能够反映闭环供应链系统内部的因果关系，反映系统动态过程反馈的重要方式之一。通过建立因果回路图能够清晰地阐述四级闭环供应链系统的动态形成原因，了解系统的内部关联结构以及整体结构。

6.2.1.1　正向供应链因果回路

正向供应链的因果回路图从采购原材料开始，通过制造商对产品进行加工制造后出售至销售商，最终销售给顾客的整个过程，如图 6-3 所示。

供应商、制造商和销售商分别对原材料、产品的需求量分析预测订货量。库存差和库存调整时间决定库存调整率，调整时间越短调整率越大。原材料的加工过程需要加工时间存在供应延迟。同理可知，对于制造商而言存在生产延迟和发货延迟。

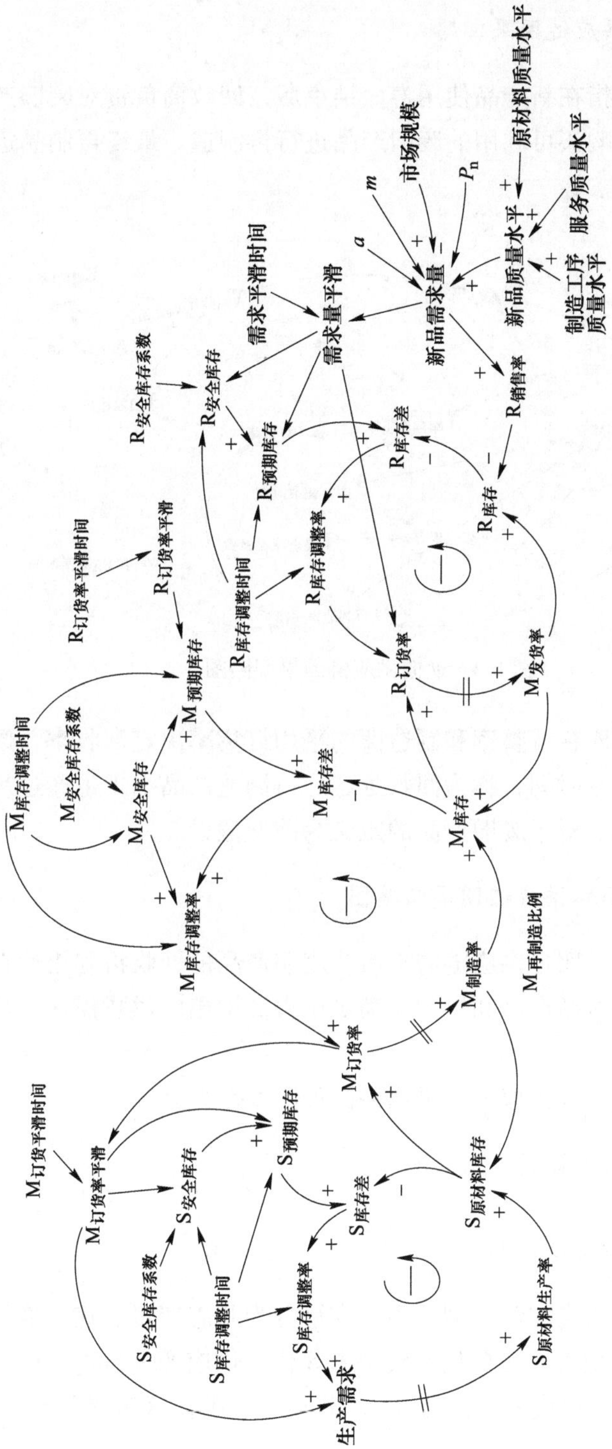

图 6-3 正向供应链因果回路图

6.2.1.2　逆向供应链因果回路

逆向供应链环节指在新产品使用寿命结束后，回收商负责对废旧产品进行回收分拣，制造商从中购买可利用的废旧产品进行再制造，最终再制品进入制造商库存，如图 6-4 所示。

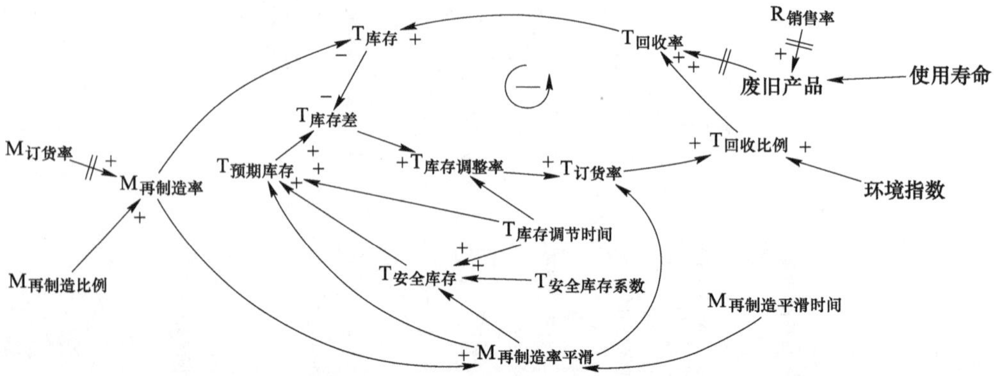

图 6-4　逆向供应链因果回路图

回收商通过分析库存调整率和制造商的平均订货率决定回收率，废旧产品回收与分类的过程需要的时间，称为回收延迟。再制造产品加工生产过程需要的时间，称为再制造延迟。对于废旧产品的定义为前文假设 2。

6.2.1.3　四级闭环供应链因果回路图

循环供应链系统是闭环供应链的本质，废旧产品的回收再利用使自身存在一定的价值，制造商通过新产品和再制品满足销售商提出的供货需求，从而再制品进入正向供应链环节。

本章研究的四级闭环供应链因果回路图如图 6-5 所示。

6.2.2　主要方程及参数设置

6.2.2.1　变量设定及说明

四级闭环供应链质量控制模型的主要变量分为状态变量、速率变量、辅助变量及常量，为了使模型表述简单化，模型中 S 代表供应商（Supplier），M 代表制造商（Manufacturer），R 代表零售商（Retailer），T 代表第三方回收（Third party recycling）。

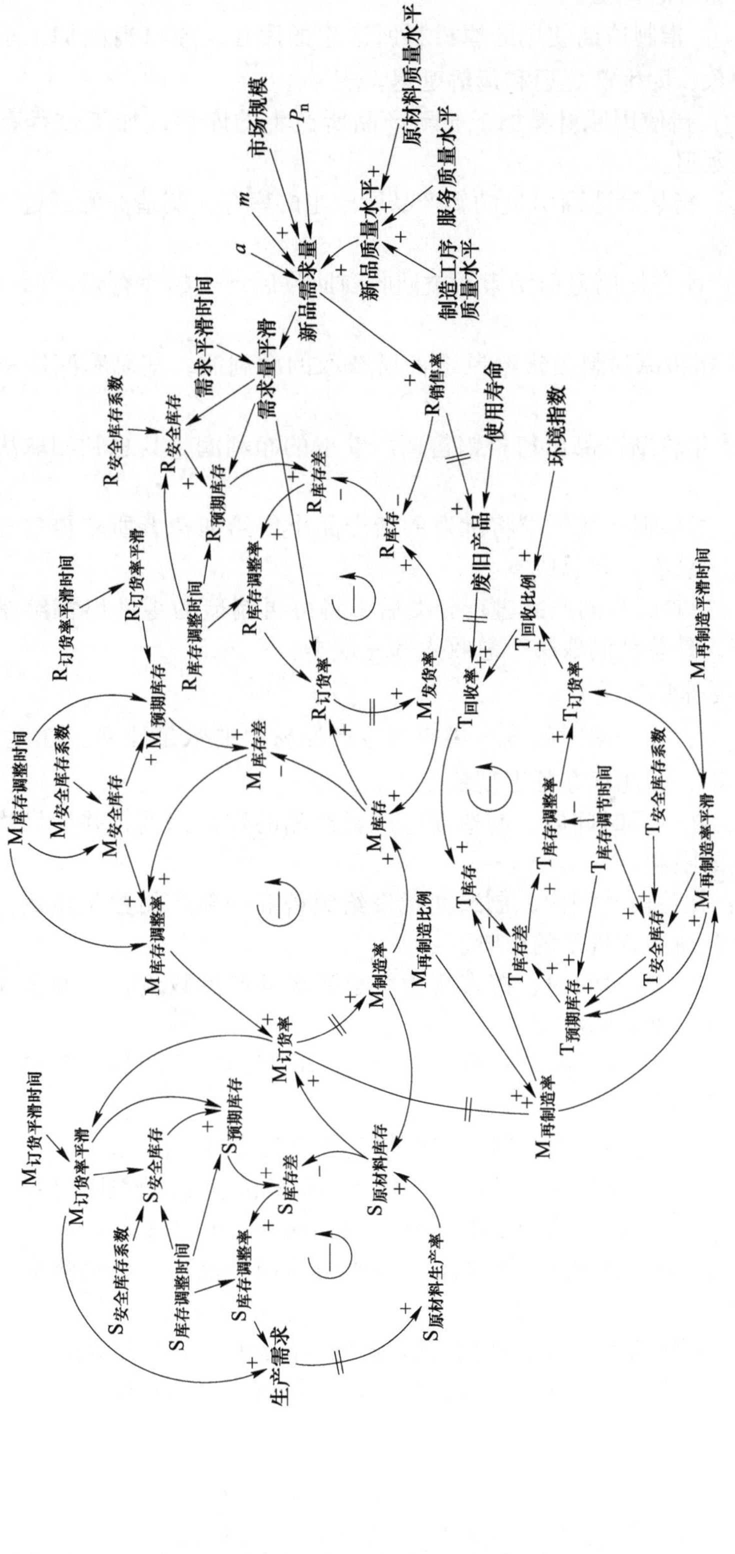

图 6-5 闭环供应链因果回路图

A 主要状态变量

$S_{原材料库存}$：指制造商使用的原材料所产生的库存，原材料的加工运输过程中存在延迟现象，即生产延迟和运输延迟。

$M_{新品库存}$：指使用原材料加工的新产品所产生的库存，加工过程存在延迟现象，即制造延迟。

$R_{新品库存}$：指从制造商引进的新产品所产生的库存，制造商配送过程存在运输延迟。

$T_{库存}$：产品在使用寿命结束后被回收商回收后产生的库存量，回收过程存在延迟。

$S_{总利润}$：指将原材料出售给制造商所获取的净利润，其总利润取决于总收入和总成本。

$M_{总利润}$：指将新产品出售给销售商所获取的净利润，其总利润取决于总收入和总成本。

$R_{总利润}$：指根据市场需求将批发的新产品出售给消费者所获得的净利润，其总利润取决于总收入和总成本。

$T_{总利润}$：指对回收的产品进行分类后，将可再制造的零件出售给制造商所获得的净利润，其总利润取决于总收入和总成本。

B 主要速率变量

$S_{原材料生产率}$：在一段时间内，供应商生产原材料的数量比例，在生产过程中，存在生产周期，因此存在延迟现象。

$M_{制造率}$：在一段时间内，制造商生产新产品的数量比例，并受订货率及原材料库存数量的限制。

$M_{发货率}$：在一段时间内，制造商批发给销售商的新产品数量比例，受到新品库存及销售商新品订货率的影响。

$R_{销售率}$：在一段时间内，销售商销售给顾客的产品数量，由顾客新品需求及自身新品库存数量共同决定。

$T_{回收率}$：在一段时间内，回收商每周可回收废旧产品的最大数量，由废旧产品数、回收比例决定。

$S_{收入增加率}$：供应商将原材料出售给制造商所获得的总收入。

$S_{成本增加率}$：原材料从生产开始到出售给制造商的整个过程所产生的全部费用。

$M_{收入增加率}$：制造商将新产品出售给销售商所获得的总收入。

$M_{成本增加率}$：制造商从向供应商订货开始到将新产品出售给销售商所产生的全部费用。

$R_{收入增加率}$：销售商将从制造商订购的新产品出售给消费者所获得的总收入。

$R_{成本增加率}$：销售商从向制造商订货开始到将新产品出售给消费者所产生的全部费用。

$T_{收入增加率}$：回收商将回收的可再制造产品出售给制造商所获得的总收入。

$T_{成本增加率}$：回收商从消费者手中回收产品开始到将回收产品出售给制造商所产生的全部费用。

C 主要辅助变量

工序质量指数 C_p 能够间接反映工序质量水平，是工序质量的量化反应，工序能力指数越高，说明生产能力越强，对应工序质量水平越高。供应商提供给制造商的原材料质量水平是影响工序质量水平的重要因素，并服从正态分布 $N(\mu, \sigma^2)$，制造商通过抽样检验获得 μ 和 σ 的波动情况，该情况能够反映原材料质量的波动，其公式如下：

$$C_p = T/6\sigma \tag{6-1}$$

产品质量水平：产品质量的高低直接影响制造商的生产环节及销售商的销售环节，技术水平和生产率属于生产环节的重要环节，其波动情况将会对产品质量水平形成影响。

服务质量水平：服务质量的高低取决于销售商对服务环节的重视程度，因此是销售商单位销售投入的表函数。

D 主要常量

常量是模型中不随着时间变化而变化的量，如制造延迟、发货延迟、库存调整时间等。

6.2.2.2 主要方程设计

A 供应商主要方程

$$S_{原材料库存} = \text{INTEG}(S_{原材料生产率} - M_{制造率})；\text{Initial Value} = 0$$

$$S_{原材料生产率} = \text{DELAY3}(S_{生产需求}，S_{生产延迟})$$

$$S_{生产需求} = \text{MAX}(M_{订货率平滑} + S_{库存调整率}，0)$$

$$S_{库存调整率} = S_{库存差}/S_{库存调整时间}$$

$$S_{总利润} = \text{INTEG}(S_{收入增加率} - S_{成本增加率})$$

$$S_{生产质量成本} = (S_{生产质量成本系数}K_s \times 产品生产质量水平\wedge 2)/2$$

$$S_{预期库存} = M_{订货率平滑} \times S_{库存调整时间} + S_{安全库存}$$

B 制造商主要方程

$$M_{库存} = \text{INTEG}(M_{再制造率} + M_{制造率} - M_{发货率})；\text{Initial Value} = 0$$

$$M_{制造率} = \text{DELAY1}(M_{订货率}，M_{制造延迟})$$

$$M_{再制造率} = \text{DELAY1}(\text{MIN}(T_{库存} \times M_{再制造比例}，M_{订货率})，M_{再制造延迟})$$

$$M_{发货率} = \text{DELAY1}(R_{订货率}，M_{发货延迟})$$

$$M_{订货率} = M_{库存调整率} + R_{订货率平滑}$$

$$M_{库存调整率} = M_{库存差}/M_{库存调整时间}$$

$$M_{订货率平滑} = SMOOTH(M_{订货率}，M_{订货平滑时间})$$

$$M_{质量监督成本} = (M_{质量监督成本系数}K_m \times M_{质量监督水平}{}^{\wedge} 2)/2$$

C 销售商主要方程

$$R_{库存} = INTEG(M_{发货率} - R_{销售率})；Initial\ Value = 0$$

$$R_{销售率} = MIN(R_{库存调整率}，新品需求量)$$

$$R_{订货率} = 需求量平滑 + R_{库存调整率}$$

$$R_{订货率平滑} = SMOOTH(R_{订货率}，R_{订货平滑时间})$$

$$R_{安全库存} = 需求量平滑 \times R_{安全库存系数} \times R_{库存调整时间}$$

$$R_{销售质量努力成本} = (R_{销售质量努力成本系数}K_r \times R_{销售质量努力水平}{}^{\wedge} 2)/2$$

$$R_{总利润} = INTEG(R_{收入增加率} - R_{成本增加率})$$

$$R_{预期库存} = 需求量平滑 \times R_{库存调整时间} + R_{安全库存}$$

D 回收商主要方程

$$T_{库存} = INTEG(T_{回收率} - M_{再制造率})；Initial\ Value = 0$$

$$T_{回收率} = DELAY1(T_{回收比例} \times 废旧产品，T_{回收延迟})$$

$$T_{回收比例} = 环境指数 \times (0.2 + T_{订货率})$$

$$T_{订货率} = T_{库存调整率} + M_{再制造率平滑}$$

$$T_{安全库存} = M_{再制造率平滑} \times T_{安全库存系数} \times T_{库存调节时间}$$

$$T_{总利润} = INTEG(T_{收入增加率} - T_{成本增加率})$$

$$废旧产品 = DELAY1(R_{销售率}，使用寿命)$$

E 常量设置

模型中部分常量设置如表 6-1 所示。

表 6-1 常量设置

变量	单位	数值	变量	单位	数值
$S_{库存调整时间}$	月	1	$R_{库存调整时间}$	月	0.5
$S_{生产延迟}$	月	0.5	$R_{安全库存系数}$	Dmnl	0.3
$S_{单位采购成本}$	万/台	1	$R_{单位销售投入}$	万/台	0.2
$M_{制造延迟}$	月	1	$T_{回收延迟}$	月	0.5
$M_{订货平滑时间}$	月	0.5	使用寿命	月	50
$M_{库存调整时间}$	月	1	P_n 市场价格	万	100
$M_{发货延迟}$	月	0.25	a	台	300
$M_{单位采购价}$	万/台	5	m	台	300

6.2.3 多级闭环供应链的系统模型

本章建立的多级闭环供应链质量控制模型如图 6-6 所示。

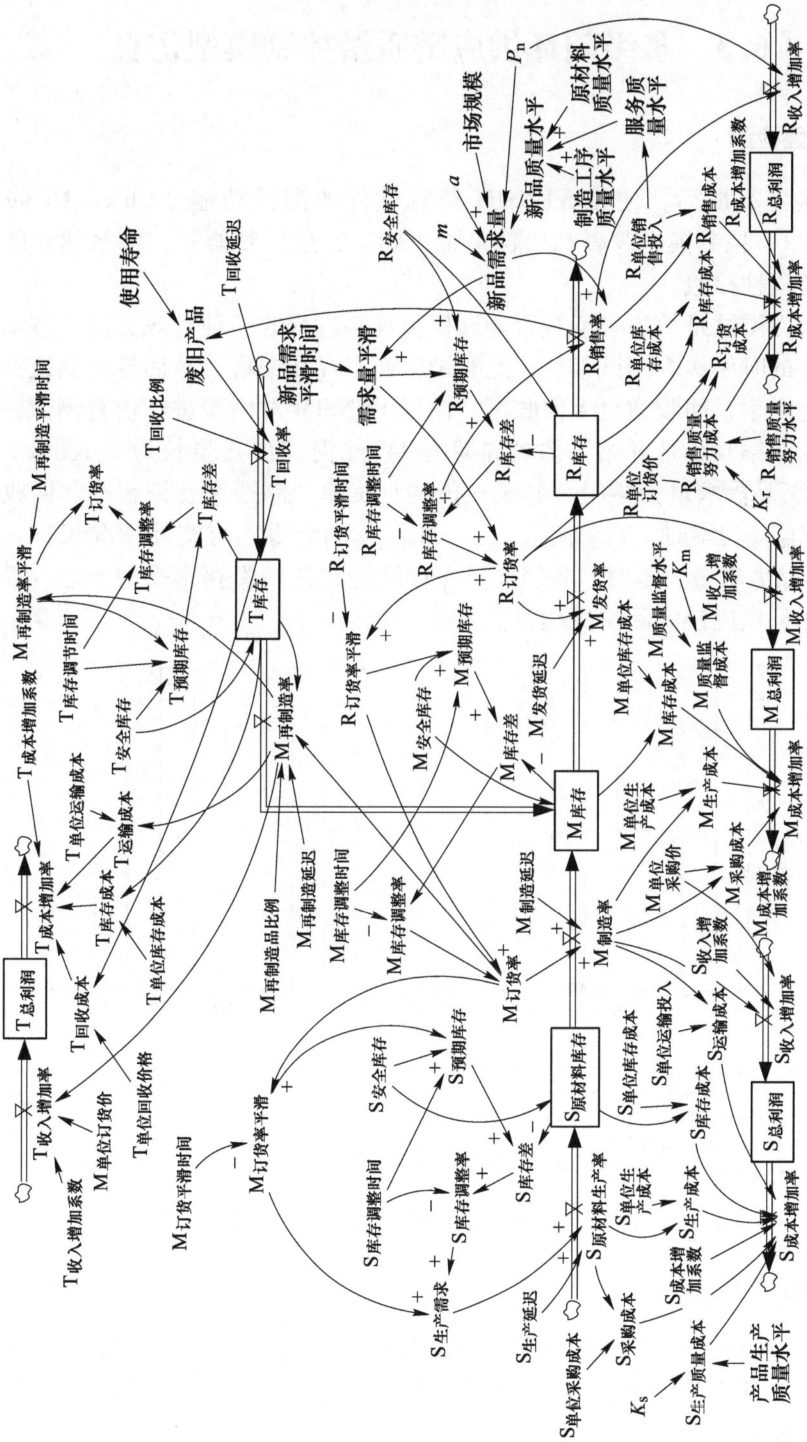

图 6-6 闭环供应链质量控制系统模型

6.3　多级闭环供应链质量控制模型仿真

6.3.1　模型检测

模型建立完成后，使用VENSIM仿真软件的测试功能“Check Model”和“Units Check”检测模型逻辑和单位是否正确。经过反复修正，本章建立的模型通过模型合理性检验。

特殊条件测试是检验模型是否能够模拟现实过程的一种有效方法。本章将市场需求为零的时候作为测试条件，此时销售商不存在销售，从而导致制造商、供应商也无生产率，回收商也无回收率。使用VENSIM对模型进行仿真测试，初始条件设置为从第0个月开始，仿真周期为240个月，仿真步长为1。图6-7和图6-8显示当新品需求量为零时，各级成员的订货率、制造率、销售率、回收率均为零；当$R_{销售率}$为零时，$T_{回收率}$、$T_{订货率}$、$M_{再制造率}$均为零，与实际情况相符。图6-9显示当新品需求量为零时，各级成员库存维持在初始库存水平的状态，模型检测结果与闭环供应链实际情况相符。

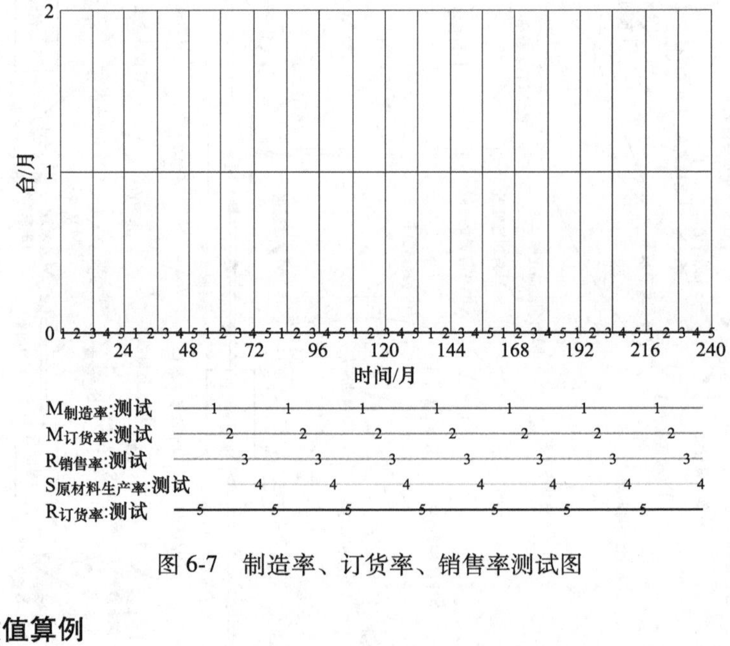

图6-7　制造率、订货率、销售率测试图

6.3.2　数值算例

闭环供应链质量主要由产品质量和服务质量组成，产品质量主要由工序质量水平保证，服务质量取决于销售商在服务环节的投入水平。本章将通过具体数据算例进行分析。

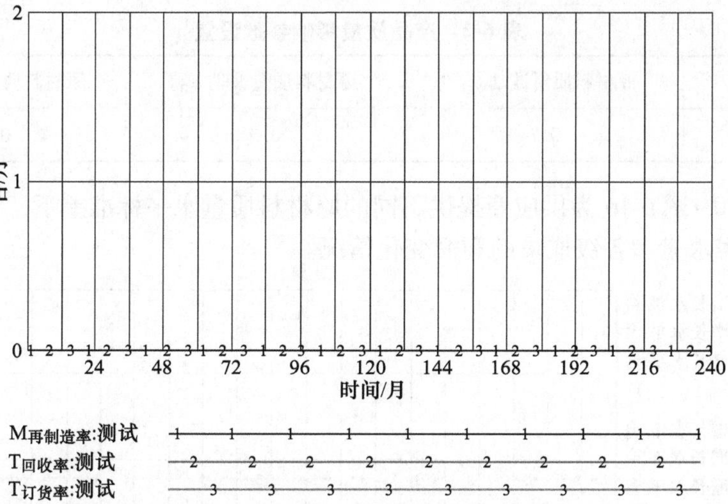

图 6-8 再制造率、回收率、订货率测试图

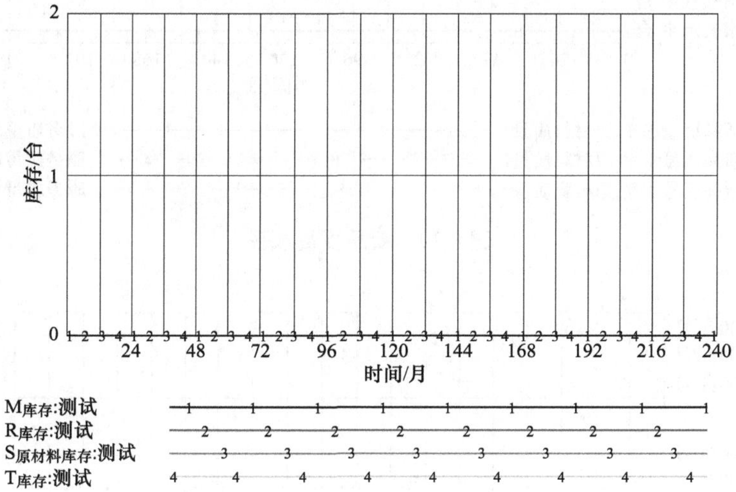

图 6-9 各级成员库存状态测试图

6.3.2.1 产品质量水平对闭环供应链影响分析

产品质量水平主要由制造商的生产加工过程所决定，而产品在加工中使用的原材料质量水平的波动，影响其工序质量水平的高低。工序能力指数 C_p 是工序质量的量化反应，供应商提供的原材料是工序质量的重要组成部分。因此采用工序质量指数 C_p 反映原材料质量水平的波动情况，如式（6-1）所示。

其中 T 为公差，σ 为标准差，σ 的波动反映原材料质量水平的情况。本章假设原材料质量水平标准差 σ 的仿真设置如表 6-2 所示。

表 6-2　产品质量影响参数设置

参数	原材料质量波动 σ_1	原材料质量波动 σ_2	原材料质量波动 σ_3
σ	0.7	0.5	0.3

图 6-10~图 6-16 为供应商提供不同的原材料质量水平标准差下，产品质量水平、产品需求量和各级成员的利润变化情况。

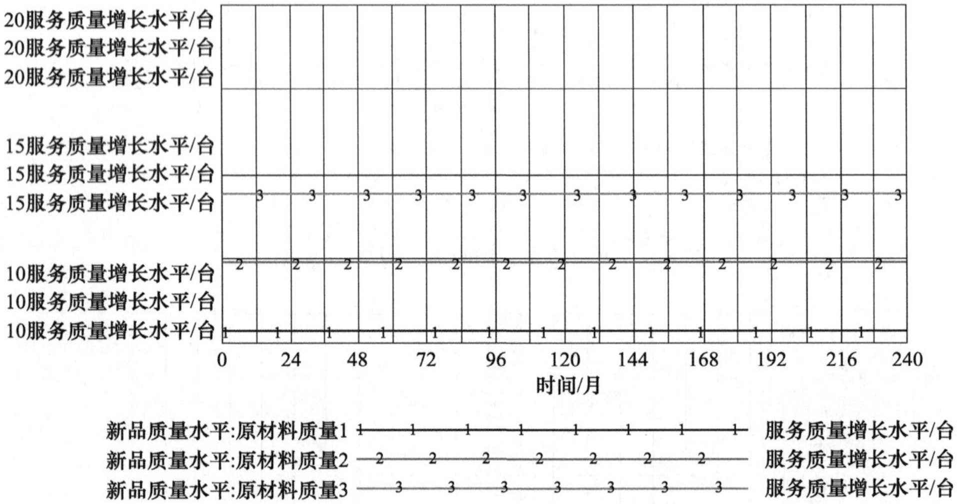

图 6-10　新品质量水平

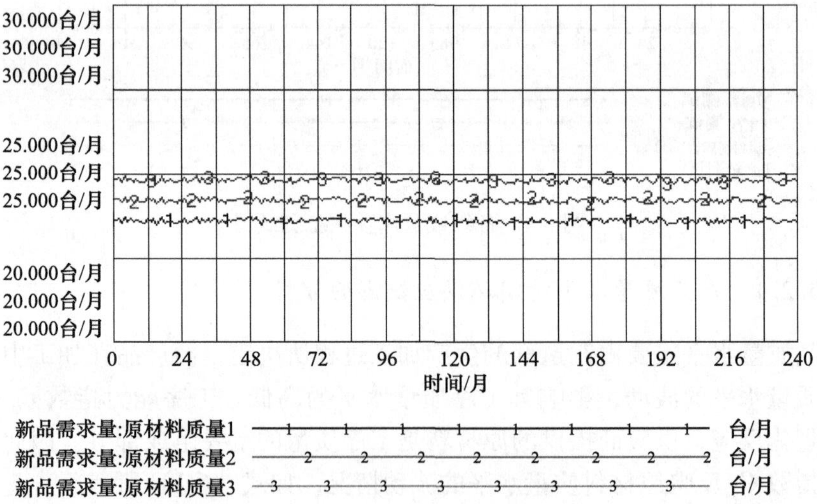

图 6-11　新品需求量

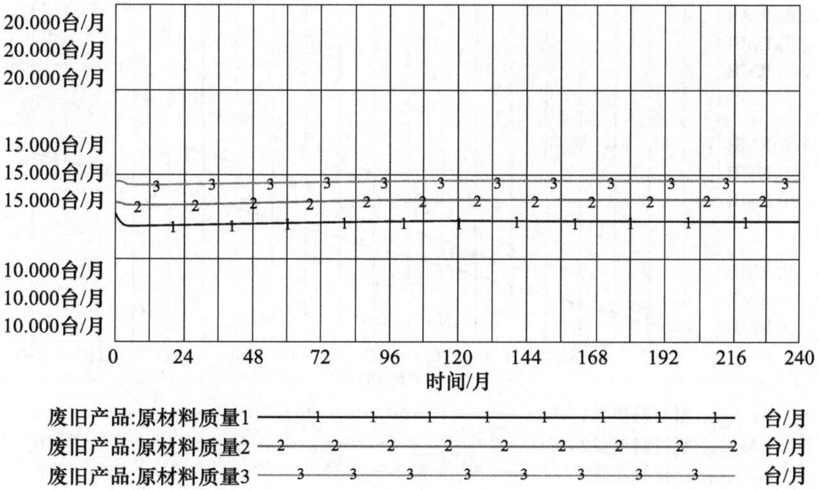

图 6-12 废旧产品

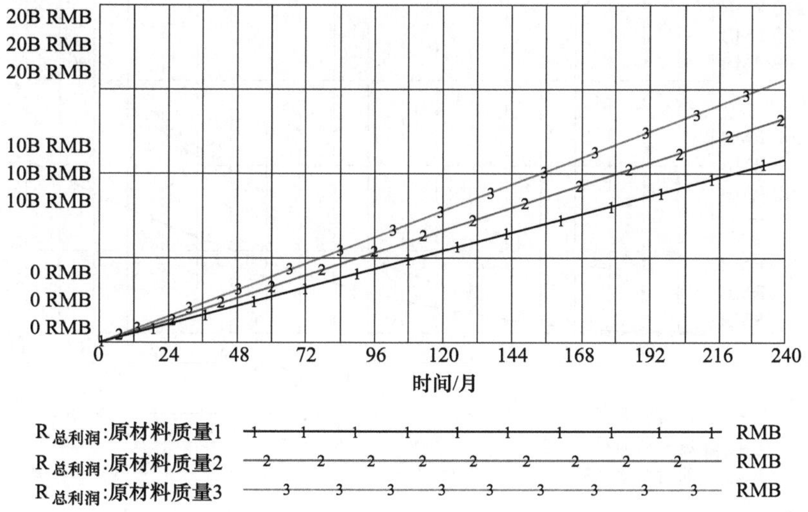

图 6-13 $R_{总利润}$

如图 6-10~图 6-12 所示，标准差越小，即原材料质量水平波动越小，新品质量水平越高，同时高的新品质量水平带来更高的新品需求量，新品需求增加使得废旧产品数量不断增加。图 6-13~图 6-16 所示，四级闭环供应链各级成员的总利润随着产品质量的改进而提升。

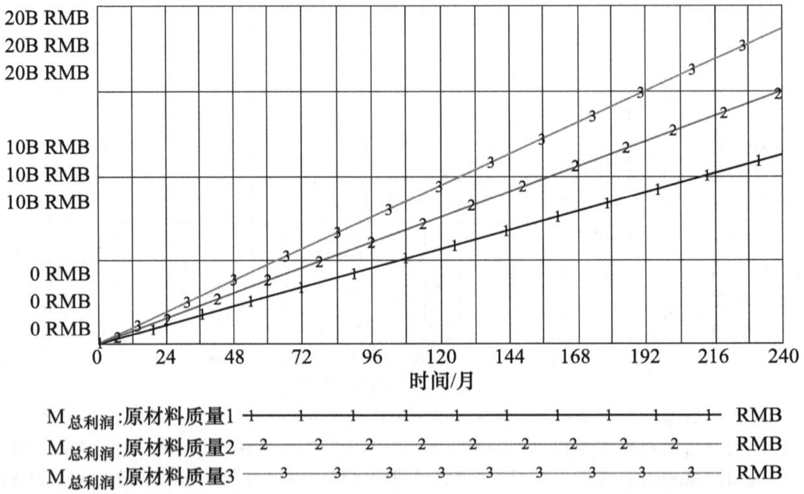

图 6-14　$M_{总利润}$

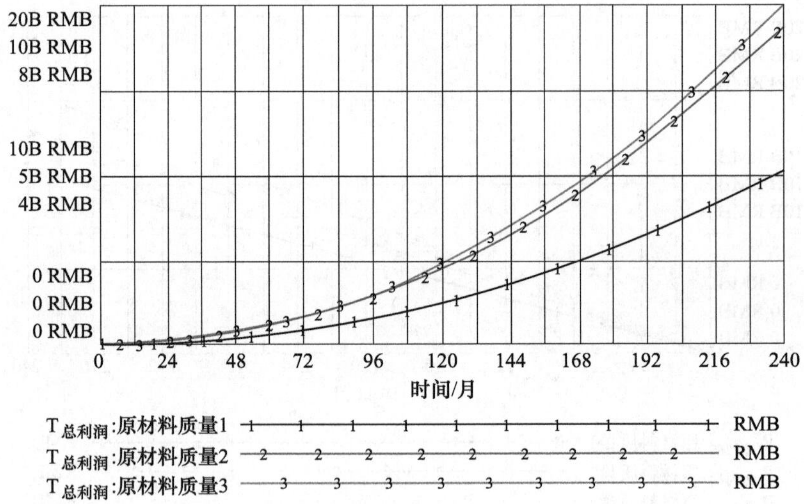

图 6-15　$T_{总利润}$

6.3.2.2　服务质量水平对闭环供应链影响分析

服务质量水平的变化取决于销售商单位销售投入，随着 $R_{单位销售投入}$ 的增加，服务质量水平也不断增加，导致顾客对新品的需求量也增加。本章假设 $R_{单位销售投入}$ 的仿真设置如表 6-3 所示。

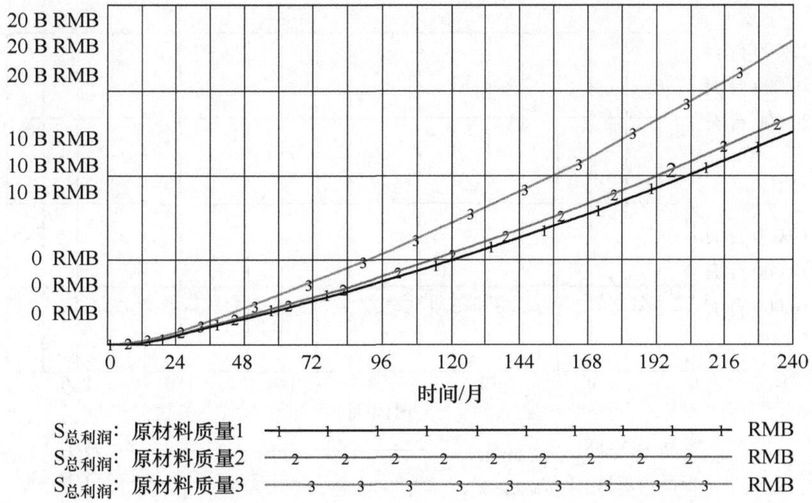

图 6-16　$S_{总利润}$

表 6-3　R 单位销售投入参数设置

参数	单位销售投入 1	单位销售投入 2	单位销售投入 3
R 单位销售投入	0.2	0.4	0.7

图 6-17～图 6-22 为 $R_{单位销售投入}$水平对服务质量水平、新品需求量和各级成员的利润影响情况。

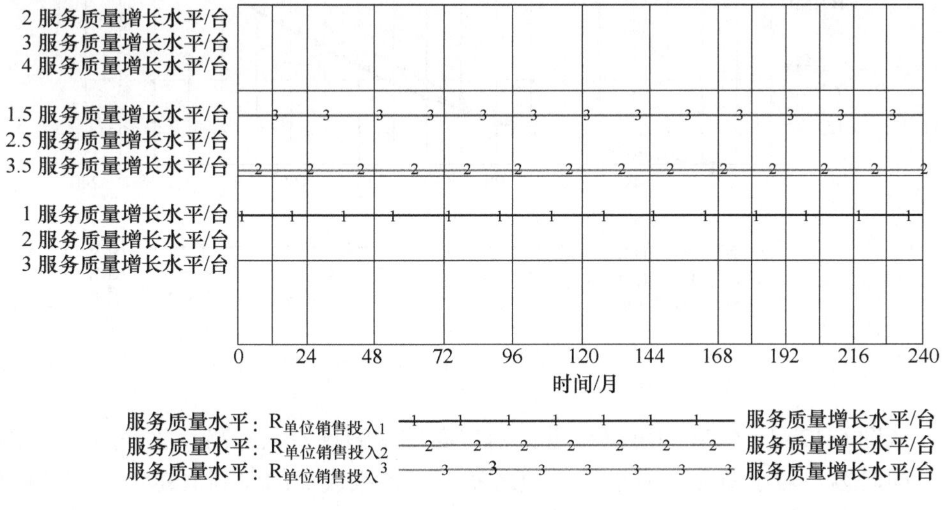

图 6-17　服务质量水平

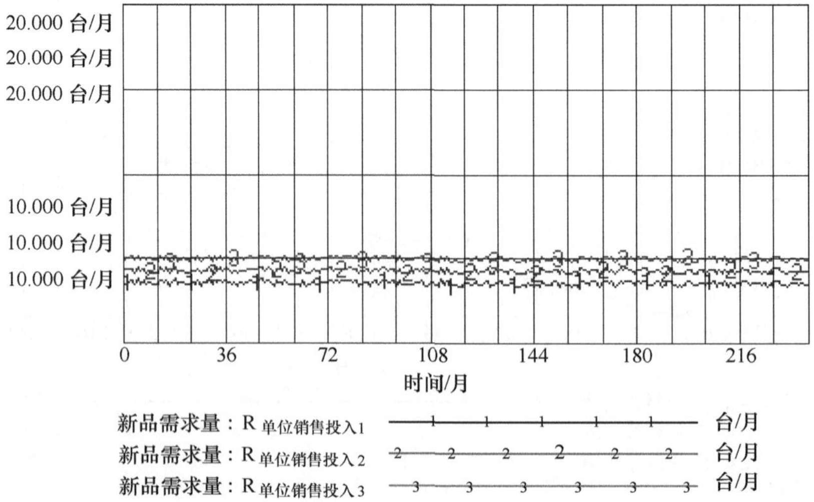

图 6-18　新品需求量

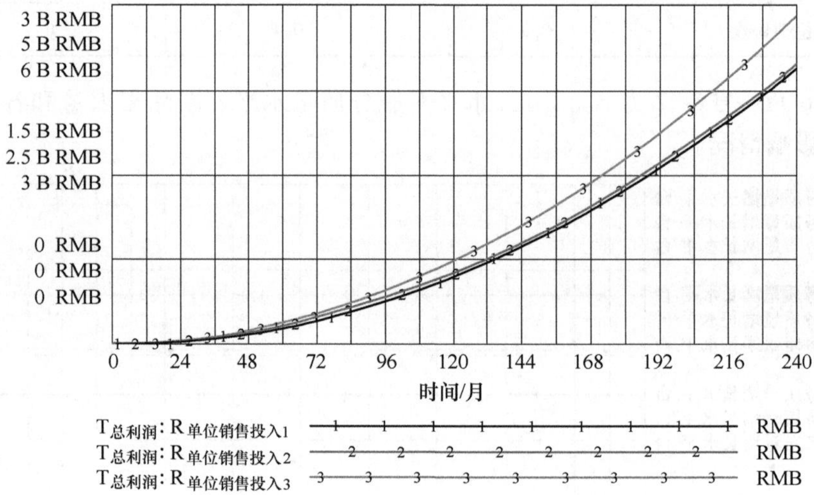

图 6-19　$T_{总利润}$

从图 6-17～图 6-22 中可以得出，销售商单位销售投入越高，服务质量水平越高，同时客户对于新品的需求量也随之变多，各级成员的总利润越大。因此能够发现销售商的销售投入量与产品质量水平密切相关，顾客满意程度是产品质量水平的重要组成部分。

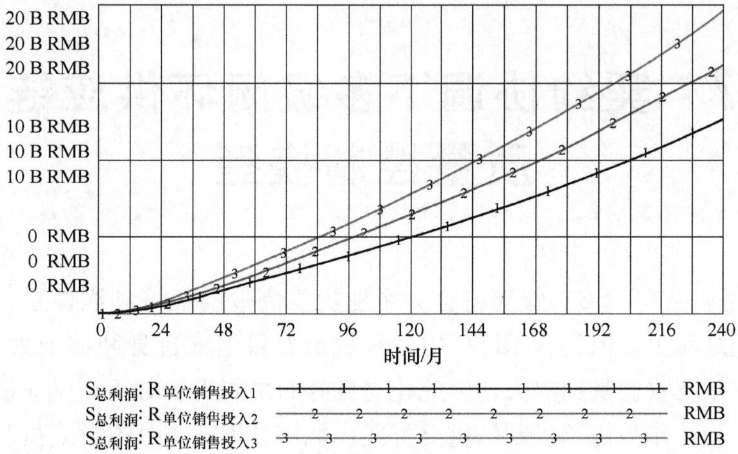

图 6-20 $S_{总利润}$

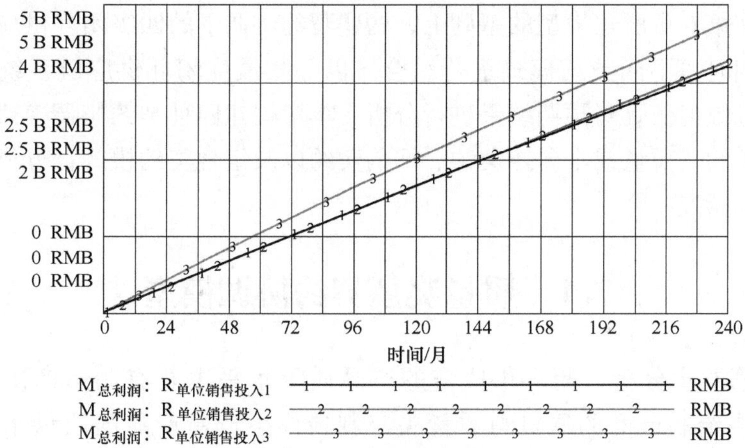

图 6-21 $M_{总利润}$

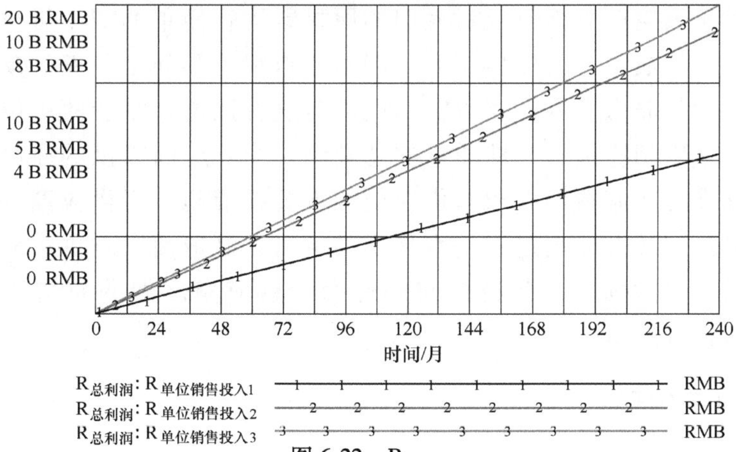

图 6-22 $R_{总利润}$

7 契约协调下多级闭环供应链质量控制模型

闭环供应链（CLSC）管理将会为企业提供高效的经济利润体系，同时资源投入量也随之减少。但是在 CLSC 中各级成员盲目追求自身利益最大化的同时，往往使整体系统收益受到损失，因此建立良好的协调机制对闭环供应链整体系统尤为重要。契约作为协调机制的重要方式，能够使 CLSC 中各级成员和整体系统的利润得以改善，甚至达到利润最大值。

本章在第 6 章所建模型的基础上，构建契约协调下的四级闭环供应链质量控制模型，同时将不同契约模式进行组合，以寻找最优闭环供应链系统的运作模式，并通过数值仿真对预期结果进行分析。本章构建四种契约协调模式，分别为质量奖惩契约、质量成本分摊契约、回购契约以及组合契约模式，分析各级成员的利润波动情况。

7.1 质量奖惩契约协调模型

通过第 6 章分析，闭环供应链的产品质量水平主要有制造商决定，而由供应商提供给制造商的原材料质量决定制造商生产新产品的质量水平。若制造商对原材料进行质量检测时，发现原材料质量不合格并返回供应商进行维修，那么对于供应商方面仅仅对返回的原材料进行简单的加工维护，并不会产生较大的维修成本，所以供应商可能不会重视此类问题并安于现状，而对制造商方面则是非常不利的现象。因此面对这种问题，制造商可以与供应商进行谈判，采取相应措施，即质量奖惩契约，当供应商提供的原材料质量水平达不到标准时，制造商有权对供应商做出惩罚措施，当供应商提供的原材料质量水平达到标准或超过质量水平标准值时，制造商会对供应商采取一定程度的奖励以便激励。本节将构建制造商与供应商之间的质量奖惩契约模型，并进行仿真分析。

7.1.1 模型结构框架

本小节建立的质量奖惩契约协调模型如图 7-1 所示。

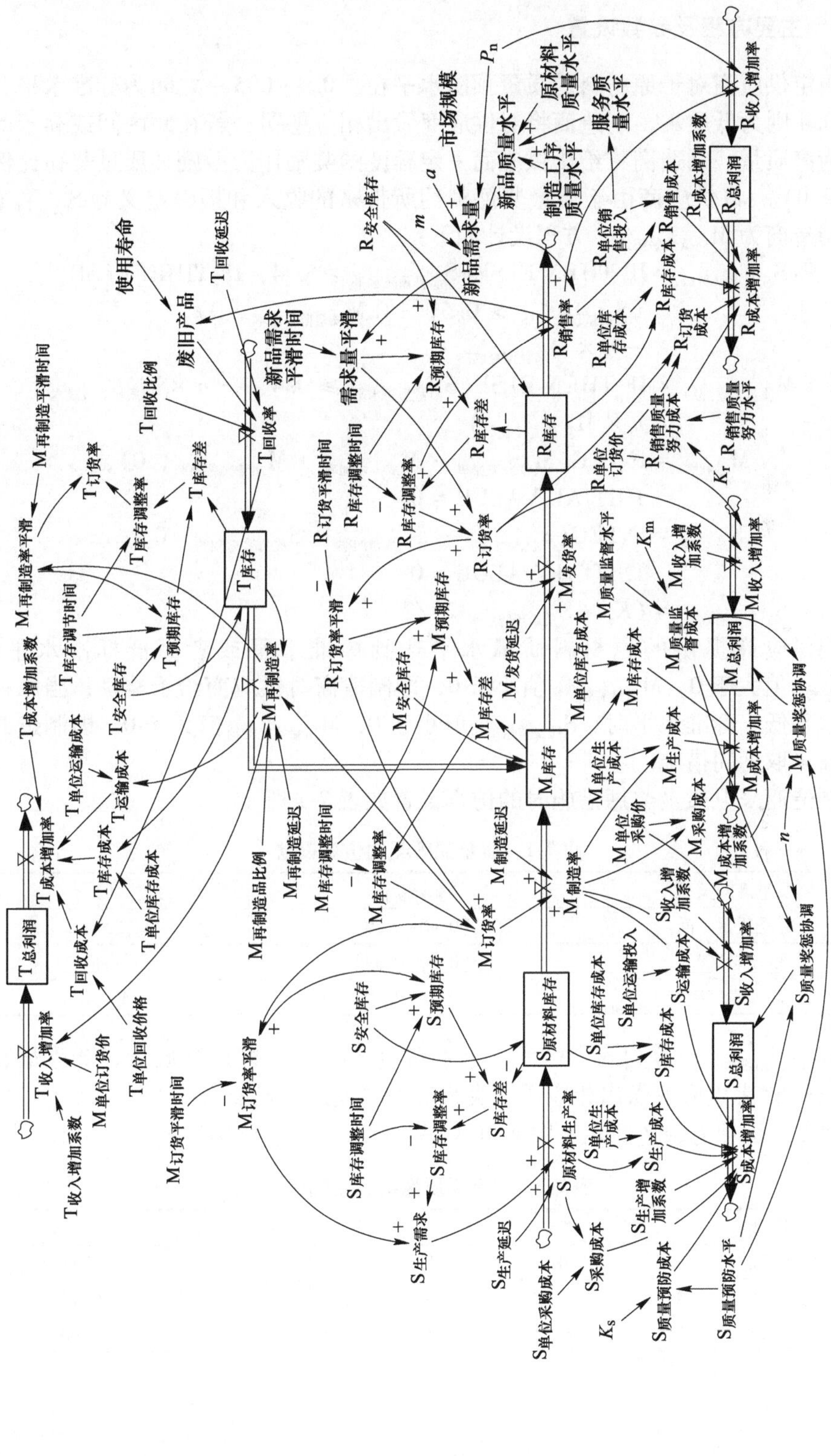

图 7-1 质量奖惩契约协调模型

7.1.2　主要方程及参数设置

规定供应商对于原材料的质量预防水平在［0.4~0.5］之间为标准水平，若低于0.4则为低质量，制造商将对供应商做出相应惩罚；若在此区间或高于此区间则为高质量，制造商将给予供应商一定程度的奖励作为激励，质量奖罚比例为$\alpha(\alpha \geqslant 0)$。将供应商由于质量奖惩契约所带来的收入和损失定义为$S_{质量奖惩契约}$，同理制造商为$M_{质量奖惩契约}$，方程设计如下：

$$S_{质量奖惩契约} = \text{IF THEN ELSE}(S_{质量预防水平} \geqslant 0.4,\ \text{IF THEN ELSE}(S_{质量预防水平} > 0.5,\ n \times M_{质量监督成本},\ 0),\ -n \times M_{质量监督成本})$$

$$M_{质量奖惩契约} = \text{IF THEN ELSE}(S_{质量预防水平} \geqslant 0.4,\ -n \times M_{质量监督成本},\ n \times M_{质量监督成本})$$

$$M_{总利润} = \text{INTEG}(M_{收入增加率} - M_{成本增加率} + M_{质量奖惩契约},\ 0),\ \text{INITIAL VALUE} = 0$$

$$S_{总利润} = \text{INTEG}(S_{收入增加率} - S_{成本增加率} + S_{质量奖惩契约},\ 0),\ \text{INITIAL VALUE} = 0$$

$$S_{质量预防成本} = (K_s \times S_{质量预防水平}\hat{}2)/2$$

当供应商提供的原材料质量水平达到标准水平或者高低标准水平时，$S_{质量奖惩契约}$值大于0，$M_{质量奖惩契约}$值小于0，即制造商对供应商给予奖励；当原材料质量水平低于标准水平时，$S_{质量奖惩契约}$值小于0，$M_{质量奖惩契约}$值大于0，即制造商对供应商采取惩罚措施。

制造商采取质量奖惩措施时的仿真设置如表7-1所示。

表7-1　质量奖惩契约仿真设置

质量区间类型	$S_{质量预防水平}$	K_s
标准质量区间	[0.40~0.50]	5000
低质量区间	[0.30~0.39]	3000
高质量区间	[0.51~0.60]	10000

其中$S_{质量预防水平}$分为三个区间，分别对应$S_{质量决策}$，即标准质量、低质量和高质量，K_s代表供应商做出相应质量决策时需要投入的投资量。

表7-2所示为制造商在不同质量水平下采取的奖惩比例设置。

表7-2　制造商质量奖惩比例设置

质量类型	契约1	契约2	契约3
标准质量	0.30	0.70	1.10
低质量	0.30	0.70	1.10
高质量	0.00	0.40	0.60

7.1.3 数值仿真

7.1.3.1 低质量仿真分析

当供应商提供的原材料质量水平低于标准质量时，制造商采取不同的奖惩比例的利润变化图，如图 7-2 和图 7-3 所示。

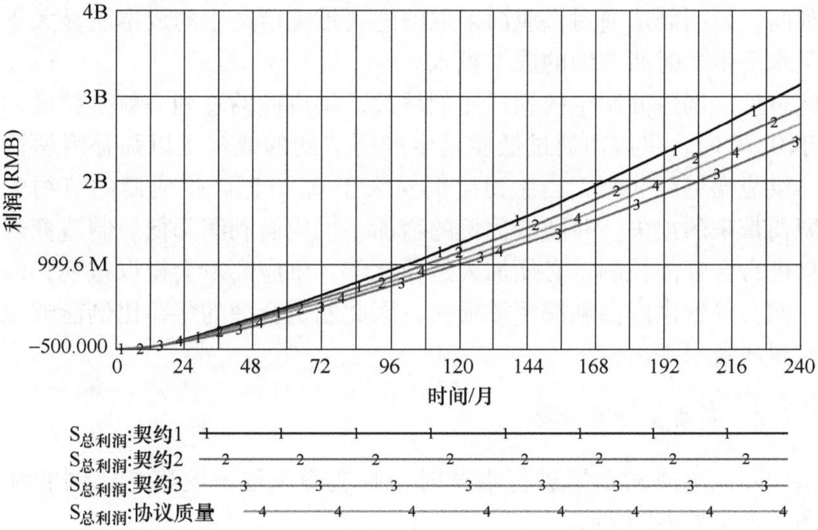

图 7-2 不同契约下供应商利润变化

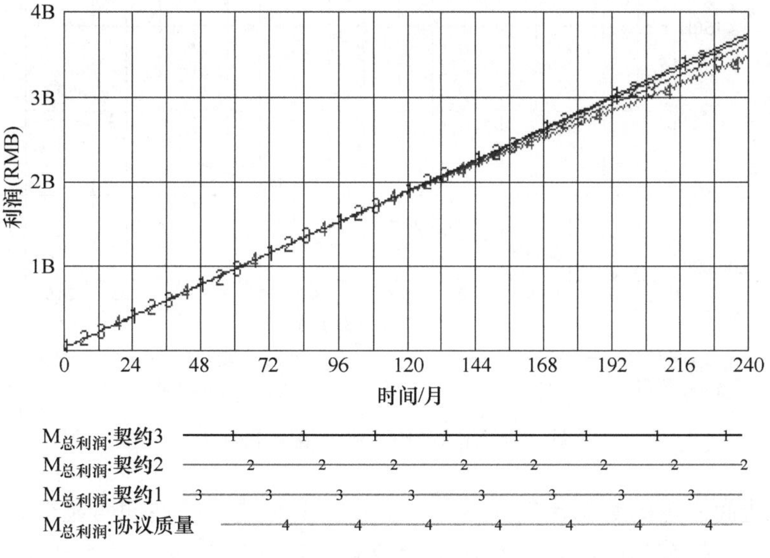

图 7-3 不同契约下制造商利润变化

当制造商制定奖惩比例 α 为 0.30，供应商以低质量水平生产的总利润高于以标准质量水平生产的总利润，说明制造商对供应商采取的惩罚措施所产生的成本小于供应商以低质量水平生产时所节约的成本投入；当制造商制定奖惩比例 α 为 0.70，此时供应商总利润略高于以标准水平生产的总利润，说明制造商对供应商采取的惩罚措施所产生的成本略小于供应商以低质量水平生产时所节约的成本投入；当制造商制定奖惩比例 α 为 1.10，此时供应商总利润明显低于以标准水平生产的总利润，说明制造商对供应商采取的惩罚措施所产生的成本明显大于供应商以低质量水平生产时所节约的成本投入。

由此可见，制造商制定的惩罚比例越大，供应商的总利润就会越低，惩罚比例 α 低于 0.70 时，供应商通过低质量生产所节约的成本足以弥补因惩罚所损失的利润，供应商仍能获利；当惩罚比例 α 大于 0.70 时，供应商的节约成本不能弥补因惩罚带来的损失，并随着比例的增加，供应商利润降低。制造商若想对原材料质量进行合理的控制，必须加大惩罚比例，供应商才会得以重视，但过度增加惩罚比例会导致供应商利润严重损失，因此制定合理的惩罚比例能够控制供应商的原材料质量水平。

7.1.3.2　高质量仿真分析

当供应商以高质量水平进行生产时，制造商采取不同奖惩比例的利润变化图，如图 7-4 和图 7-5 所示。

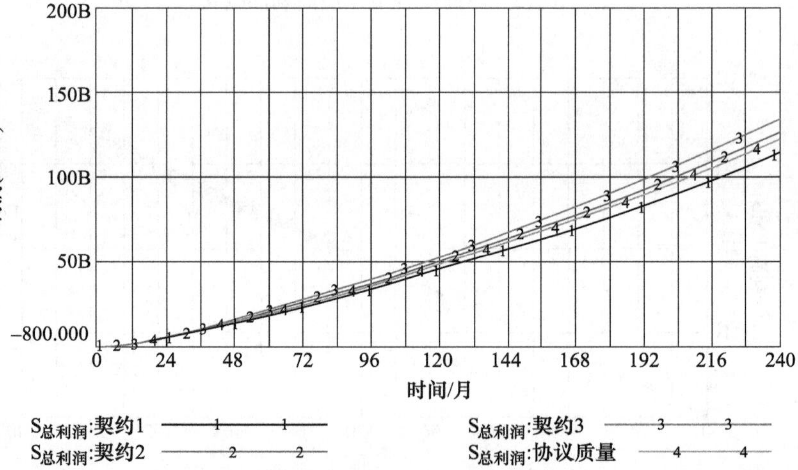

图 7-4　不同契约下供应商利润变化

当制造商制定的奖惩比例 α 为 0，能够发现制造商的利润明显得到提升，而供应商由于维持较高的质量预防水平导致较高的成本投资，因此利润明显降低。

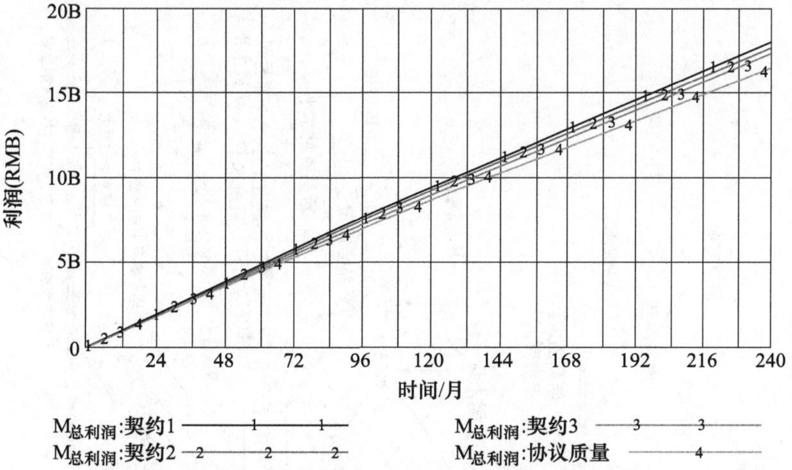

图 7-5 不同契约下制造商利润变化

当制造商制定奖惩比例 α 为 0.40 和 0.60 时，能够看出制造商和供应商的利润分别得到了提升，同时双方利润均高于选择标准质量时的利润。

7.2 质量成本分摊契约协调模型

通过第 6 章闭环供应链质量控制模型分析，制造商的再制造品质量水平高低取决于回收品质量水平和回收比例，回收品质量水平的高低决定了制造商再制造品工序质量水平的稳定性，最终将会影响顾客对于再制造品质量的认可程度。但对于回收商而言，高质量的回收水平和回收比例意味着需要投入较高的成本控制。如何使得制造商和回收商利润保持一致，使得市场上再制品量快速高效地相应消费者的需求是目前待解决的问题。

7.2.1 模型结构框架

本小节建立的质量成本分摊契约协调模型如图 7-6 所示。

7.2.2 主要方程及参数设置

回收商可以选择规定的标准回收比例，或者高于、低于标准回收比例，制造商对此可以选择不作为和分摊质量努力成本。若制造商选择分摊质量成本，分摊比例为 $\beta(\beta \geqslant 0)$，将回收商因质量分摊成本带来的收入定义为 $T_{质量成本分摊}$，将制造商因质量成本分摊带来的损失定义为 $M_{质量成本分摊}$，对应方程设计如下：

$$M_{质量成本分摊} = \beta \times T_{回收努力成本}$$

$$T_{质量成本分摊} = M_{质量成本分摊}$$

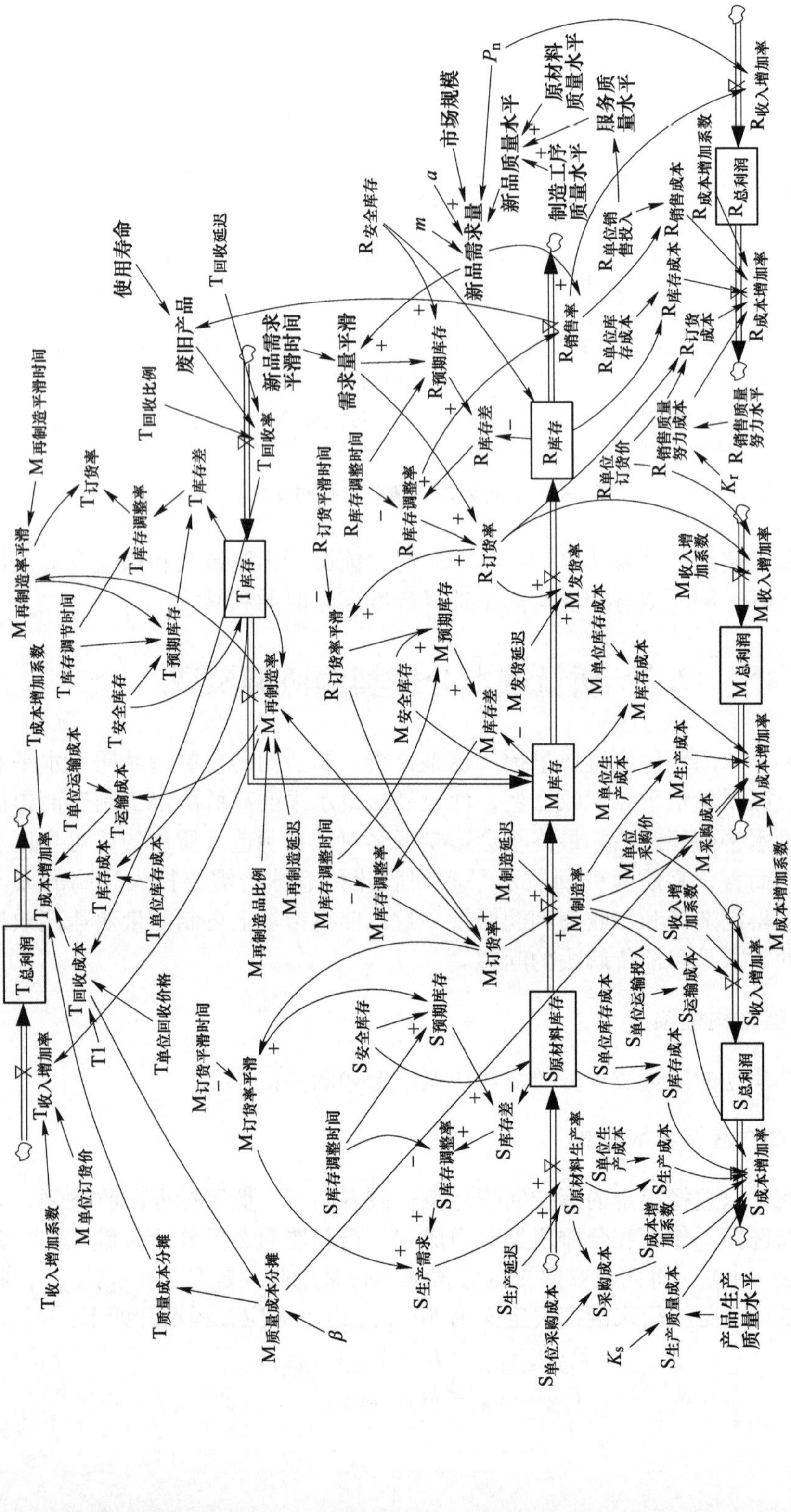

图 7-6　质量成本分摊契约模型

表7-3为制造商采取相应质量成本分摊契约的基本仿真设置，T1代表实现相应回收比例时需要投入的固定成本，回收比例越高，需要投入的成本越大。

表7-3 成本分摊契约参数设置

参数	$T_{回收比例}$/%	T1/万元
初始比例	30	3500
改进比例	65	6000

表7-4为回收商在不同回收比例下，制造商采取质量成本分摊契约的决策参数设置。

表7-4 决策参数设置

参数	契约1	契约2	契约3	契约4	契约5
初始比例/%	0	0	0	0	0
改进比例/%	0	35	40	60	65

7.2.3 数值仿真

当制造商与回收商之间达成质量成本分摊契约时，回收商将回收比例从30%提高至65%，制造商将提供β比例的$T_{回收努力成本}$用于分摊回收商因高回收比例而产生的额外成本。实际上，制造商可能会因为自己是闭环供应链中的主导者而选择违约，不给予回收商相应比例的成本分摊措施，如图7-7和图7-8所示。

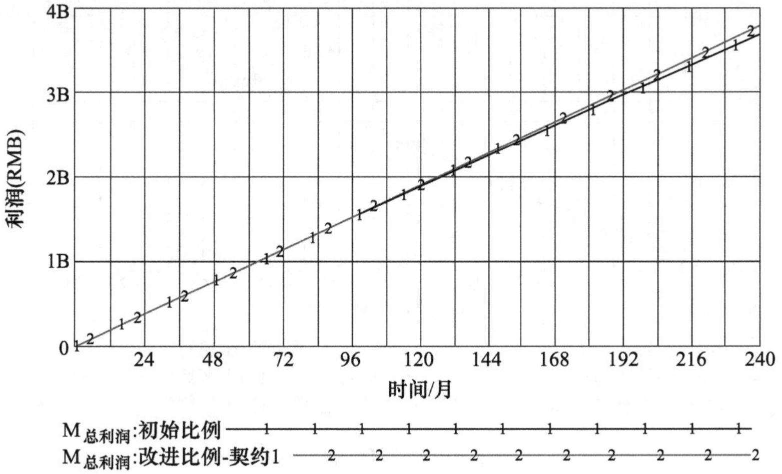

图7-7 制造商利润变化

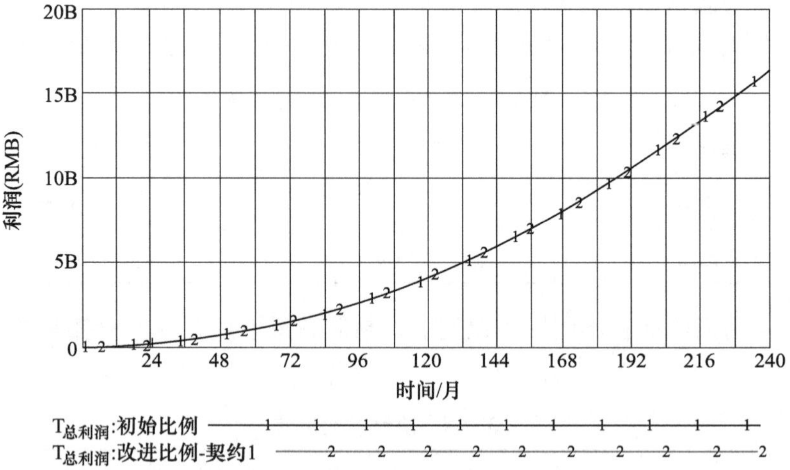

图 7-8　回收商利润变化

当制造商长期违约，制造商会因为回收商回收比例的提升获得更多的利润，而回收商会因为投入大量的成本提高回收比例，导致利润比初始回收比例的利润低。长此以往，回收商一定会采取相应的自救措施使自身利润达到平衡，最终制造商不会获得更高的利润同时损失名声。因此有利的选择是对回收商的高质量回收行为进行激励。图 7-9 和图 7-10 为制造商的成本分摊比例 β 为 35%、40%时，回收商与制造商的利润变化趋势。

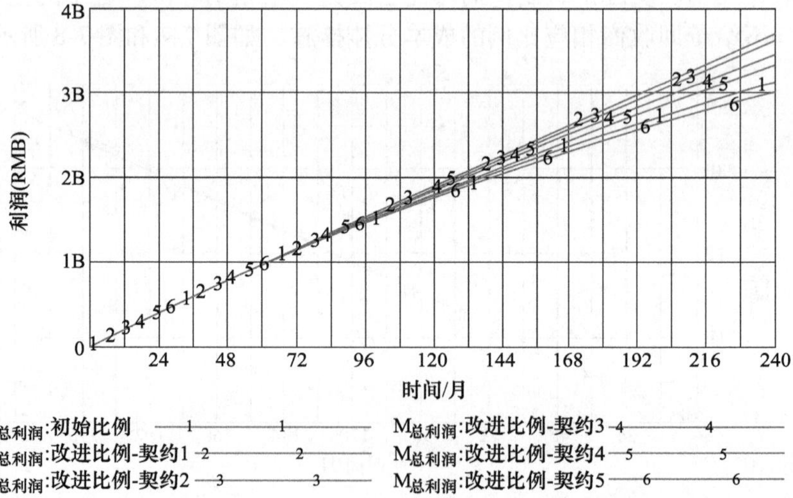

图 7-9　制造商利润变化

从图中可以看出，制造商的利润始终高于回收商的初始状态下投资所带来的

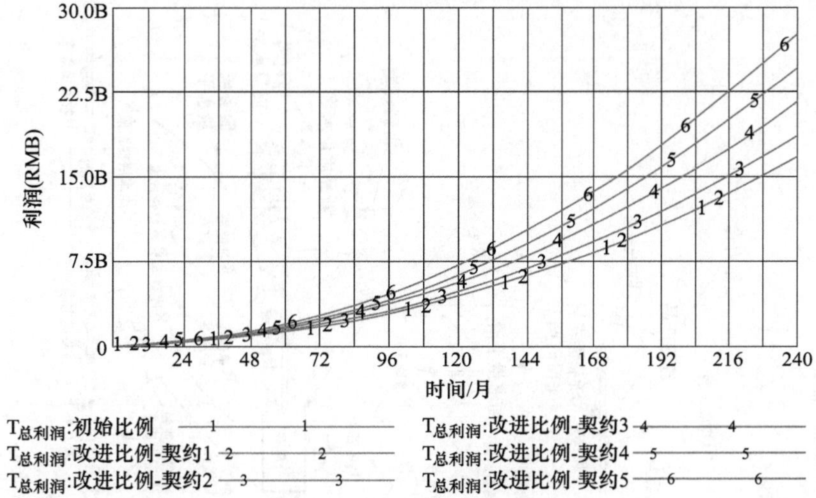

图 7-10 回收商利润变化

利润，因为回收比例的提升能够使得制造商生产再制品的效率及时供给销售商的订货率，从而制造商的利润得以提升。但回收商只有在比例为 40%时高于初始投资的利润，所以只要制造商制定的比例不低于 40%，回收商就会履行约定并获得更高的利润。

制造商的成本分摊比例 β 为 60%、65%时，能够看出回收商的利润始终优于不履行约定时的利润，当 β 为 65%时，制造商的利润低于初始状态利润，当 β 为 60%时，经过一段时间的仿真，利润高于初始状态时的利润。因此制造商制定的成本分摊比例 β 不能高于 60%，此时制造商和回收商的利润都高于初始状态时的利润，对双方都有利。

7.3 回收契约协调模型

在现实闭环供应链市场中，制造商存在多余的可再制造的废旧产品，销售商存在剩余产品。针对这种情况，在正向供应链和逆向供应链环节引入回收契约，即回收商以合理的价格回收制造商多余的可再制造的废旧产品，激励制造商订购更多的可再制造的废旧产品；制造商以合理的价格回收零售商剩余的产品，激励零售商订购更多的产品。

7.3.1 模型结构框架

本小节建立的回收契约协调模型如图 7-11 所示。

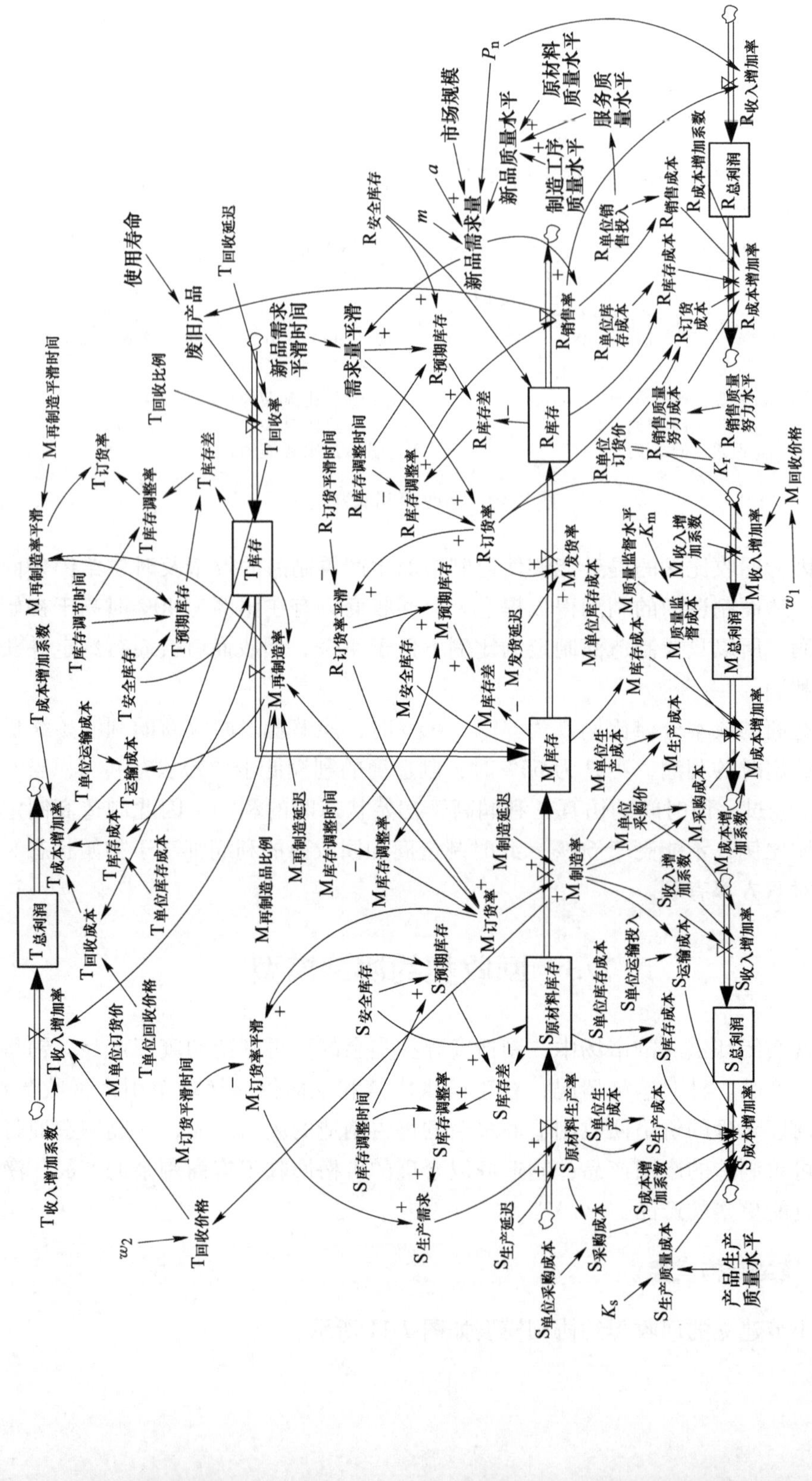

图 7-11　回收契约协调模型

7.3.2 主要方程及参数设置

引入制造商回收比 w_1，回收商回收比 w_2，($0<w_1$，$w_2<1$)，分别代表双方制定的对剩余再制品及产品的单位回收价格与单位订货价格的比例。具体方程设计如下：

$$M_{回收价格} = w_1 \times R_{单位订货价格}$$
$$T_{回收价格} = w_2 \times M_{单位采购价格}$$

表 7-5 所示为制造商对零售商采取回收比 w_1时的不同契约比例和回收商对制造商采取回收比 w_2 时的不同契约比例。

表 7-5 回收契约参数设置

参数	契约 1	契约 2	契约 3	契约 4
w_1/%	0	30	50	70
w_2/%	0	20	40	60

7.3.3 数值仿真

当制造商对零售商采取不同回收比时，制造商和零售商的利润变化如图 7-12 和图 7-13 所示。能够发现当 w_1超过 0.7 时，制造商的利润明显低于起初状态下的利润，所以为了保证制造商自身利润，w_1应当小于 0.7。同理，如图 7-14 和图 7-15所示，为了保证回收商自身利润，w_2 应当小于 0.6。

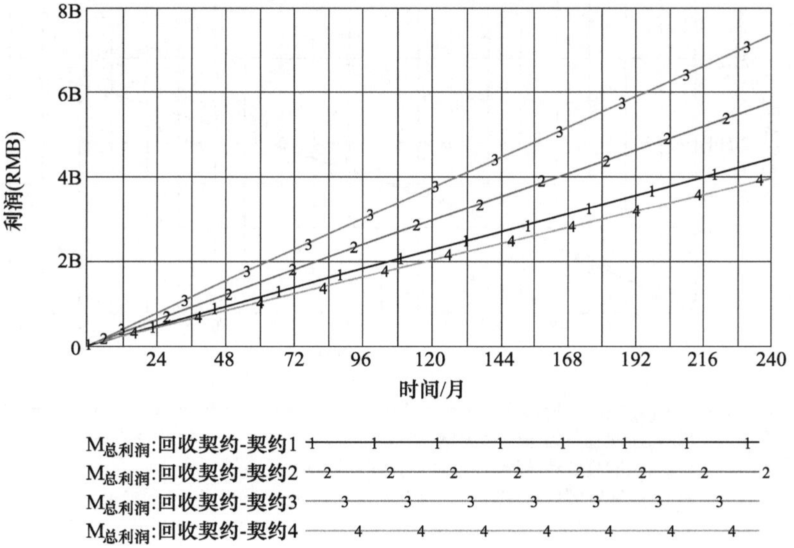

图 7-12 制造商利润变化

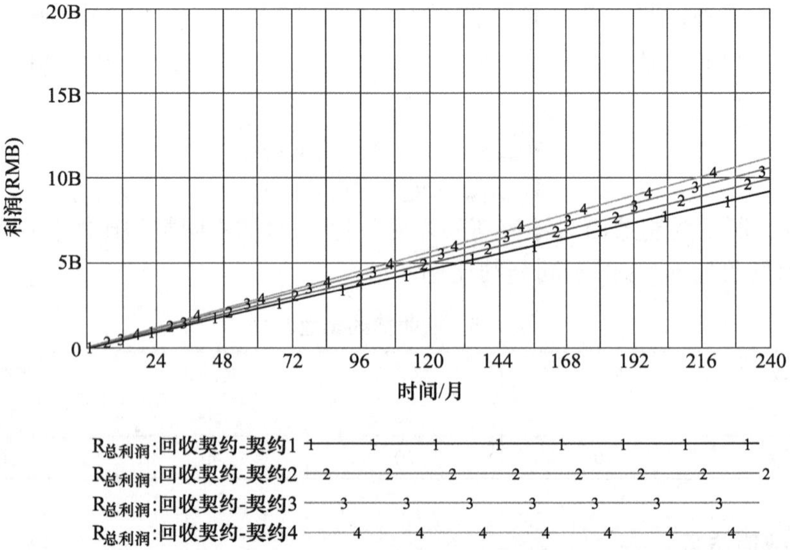

图 7-13　零售商利润变化

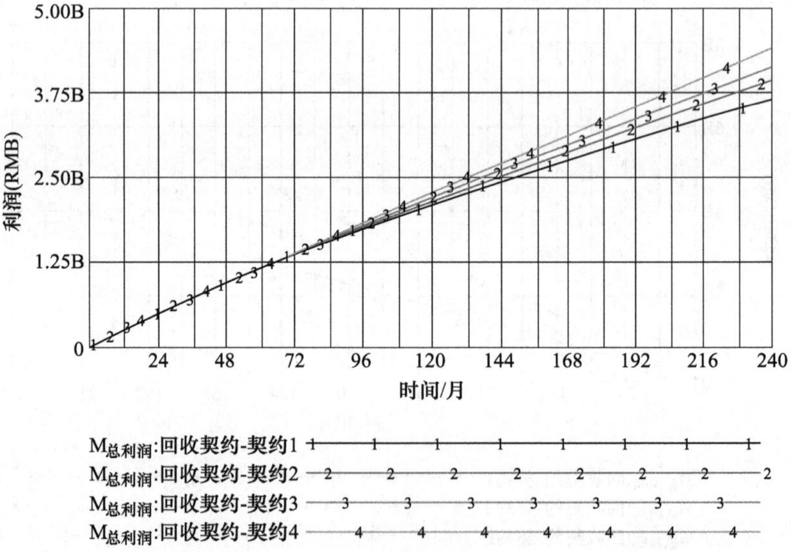

图 7-14　制造商利润变化

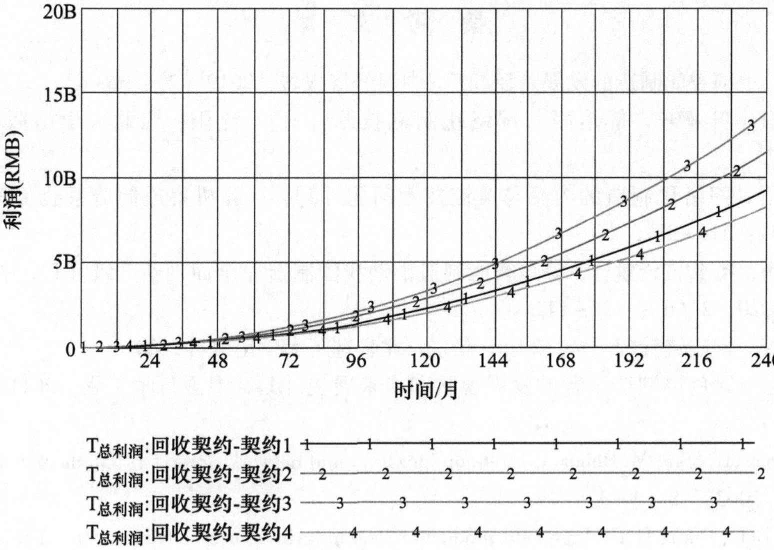

图 7-15　回收商利润变化

参考文献

[1] 周济. 中国智能制造的发展路径 [J]. 中国经济报告, 2019 (2): 36~43.

[2] 王宛山, 巩亚东, 郁培丽. 网络化制造技术 [M]. 沈阳: 东北大学出版社, 2000: 25~37.

[3] 范玉顺. 网络化制造的内涵与关键技术问题 [J]. 计算机集成制造系统 CIMS, 2003, 19 (7): 576~582.

[4] 钟志华, 臧冀, 延建林, 等. 智能制造推动我国制造业全面创新升级 [J]. 中国工程科学, 2020, 2 (6): 136~142.

[5] 陈明蔚. 供应链管理 [M]. 2 版. 北京: 北京理工大学出版社, 2018.

[6] 徐滨士. 绿色再制造工程的发展现状和未来展望 [J]. 中国科学工程, 2011, 13 (1): 4~10.

[7] Bertsimas D, Sim M. Robust discrete optimization and network flows [J]. Mathematical Programming, 2003, 98 (1~3): 49~71.

[8] Wang R C, Fang H H. Aggregate production planning in a fuzzy environment [J]. International Journal of Industrial Engineering-Theory Applications and Practice, 2000, 7 (1): 5~14.

[9] Ben-Haim Y, NEMIROVSKI A. Robust solutions to uncertain programs [J]. Mathematics of Operations Research, 1999, 25 (1): 1~13.

[10] Guan Y, Wang J. Uncertainty sets for robust unit commintment [J]. IEEE Transactions on power systems, 2014, 29 (3): 1439~1440.

[11] 江文, 陈旭. 限额与交易下考虑战略顾客行为的供应链决策与协调 [J]. 控制与决策, 2016, 31 (3): 477~485.

[12] 张凯恒, 徐青山, 杨斌, 等. 基于多面体不确定集的需求响应不确定性研究 [J]. 电力需求侧管理, 2019, 21 (5): 52~56.

[13] Hinton G E, Salakhutdinov R R. Reducing the dimensionality of data with neural network [J]. Science, 2006, 313 (5786): 503~507.

[14] Arel L, Rose D C, Karnowski T P. Deep machine learning a new frontier in artificial intelligence research [J]. Computational intelligence Magazine, 2010, 5 (4): 13~18.

[15] Wang S, Xiang J, Zhong Y, et al. A data indicator-based deep belief networks to detect multiple faults in axial piston pumps [J]. Mechanical Systems and Signal Processing, 2018 (112): 154~170.

[16] 沈长青, 汤盛浩, 江星星, 等. 独立自适应学习率优化深度信念网络在轴承故障诊断中的应用研究 [J]. 机械工程学报, 2019, 55 (7): 81~88.

[17] 于云华, 李浩光, 沈学锋, 等. 基于深度信念网络的多品种玉米单倍体定性鉴别方法研究 [J]. 光谱学与光谱分析, 2019, 39 (3): 905~909.

[18] 唐振浩, 孟庆煜, 曹生现, 等. 基于小波深度置信网络的风电爬坡预测方法 [J]. 太阳能学报, 2019, 40 (11): 3213~3220.

[19] 杨宇, 张娜, 程军圣. 全参数动态学习深度信念网络在滚动轴承寿命预测中的应用 [J]. 震动与冲击, 2019, 38 (10): 199~205.

[20] 王少卿．基于深度信念网络的煤层气井产能预测研究［D］．西安：西安科技大学，2019：32~33.

[21] Mrazova I，Kukacka M. Image Classification with Growing Neu-ral Networks［J］. International Journal of Computer Theory & Engineering，2013，5（3）：422~427.

[22] 张彬，孙菁聪，王胜文．基于共轭梯度法和全变差正则化的图像复原［J］．中国传媒大学学报（自然科学版），2018，25（6）：14~18.

[23] 任慧．考虑运输中断的可靠三级供应链网络设计［J］．计算机工程与应用，2018，55（6）：265~270.

[24] 李莉，程发新，程显钦．基于改进多目标粒子群优化算法的企业再制造物流网络优化［J］．计算机集成制造系统，2018，24（8）：2122~2132.

[25] Yang X S，Ded S. Engineering optimization by cuckoo search［J］. International Journal of Mathematical Modeling & Numerical Optimization，2010，1（4）：330~343.

[26] Wang H，Wang W，Sun H，et al. A new cuckoo search algorithm with hybrid strategies for flow shop scheduling problems［J］. Soft Computing，2017，21（15），4297~4307.

[27] 张在房，尚钰量，孙建，等．基于多目标离散布谷鸟搜索算法的产品服务系统方案配置优化［J］．计算机集成制造系统，2017，23（8）：1774~1786.

[28] Wang H，Wang W，Sun H，et al. A new cuckoo search algorithm with hybrid strategies for flow shop scheduling problems［J］. Soft Computing，2017，21（15），4297~4307.

[29] 明波，黄强，王义民，等．基于改进布谷鸟算法的梯级水库优化调度研究［J］．水利学报，2015，46（3）：341~349.

[30] 钟裬充，钱斌，胡蓉，等．混合布谷鸟算法求解绿色流水车间调度问题［J］．中国机械工程，2018，29（22）：2674~2681.

[31] 张鑫帅，刘俊，罗世彬．基于改进多目标布谷鸟搜索算法的翼型气动优化设计［J］．航天学报，2019，40（6）：1~13.

[32] Mulvey J M，Vanderbei R J，Zenios S A. Robust optimization of large-scale systems［J］. Operations Research，1995（43）：264~281.

[33] Ben-Tal A，Nemirovski A. Robust convex optimization［J］. Math. Operation Research，1998，2：769~805.

[34] Ben-Tal A，Nemirovski A. Robust solutions of linear programming problems contaminated with uncertain data［J］. Math. Program，2000（88）：411~424.

[35] Bertsimas D，Sim M. Robust discrete optimization and network flows［J］. Mathematical Programming Series B，2003，98（1-3）：49~71.

[36] Bertsimas D，Sim M. The price of robustness［J］. Operations Research，2005，52：35~53.

[37] Yu C S，Li H L. A robust optimization model for stochastic logistic problems［J］. International Journal of Production Economics，2000（64）：385~397.

[38] Zadeh L A. Fuzzy sets as a basis for a theory of possibility［J］. Fuzzy Sets and Systems，1978，1（1）：3~28.

[39] Liu B，Liu Y. Expected value of fuzzy variable and fuzzy expected value models［J］. IEEE Transactions on Fuzzy Systems，2002，10（4）：445~450.

[40] Liu B. A survey of credibility theory [J]. Fuzzy Optimization & Decision Making, 2006, 5 (4): 387~408.

[41] Liu B. Theory and Practice of Uncertain Programming [M]. Springer Berlin Heidelberg, 2009: 207~249.

[42] Zhou J, Yang F, Wang K. Fuzzy arithmetic on LR fuzzy numbers with applications to fuzzy programming [J]. Journal of Intelligent & Fuzzy Systems, 2016, 30 (1): 71~87.

[43] Sodhi M M S, Chopra S. Managing risk to avoid supply-chain breakdown [J]. Mit Sloan Management Review, 2004, 46 (1): 53~61.

[44] Sinha P R, Malzahn D, Whitman L E. Methodology to mitigate supplier risk in an aerospace supply chain [J]. Journal of Supply Chain Management, 2004, 9 (2): 154~168.

[45] Xu J, Zhou X. Approximation based fuzzy multi-objective models with expected objectives and chance constraints: Application to earth-rock work allocation [J]. Information Sciences, 2013, 238 (7): 75~95.

[46] Wang Z X, Liu Y J, Fan Z P. Ranking LR fuzzy number based on deviation degree [J]. Information Sciences, 2009, 179 (13): 2070~2077.